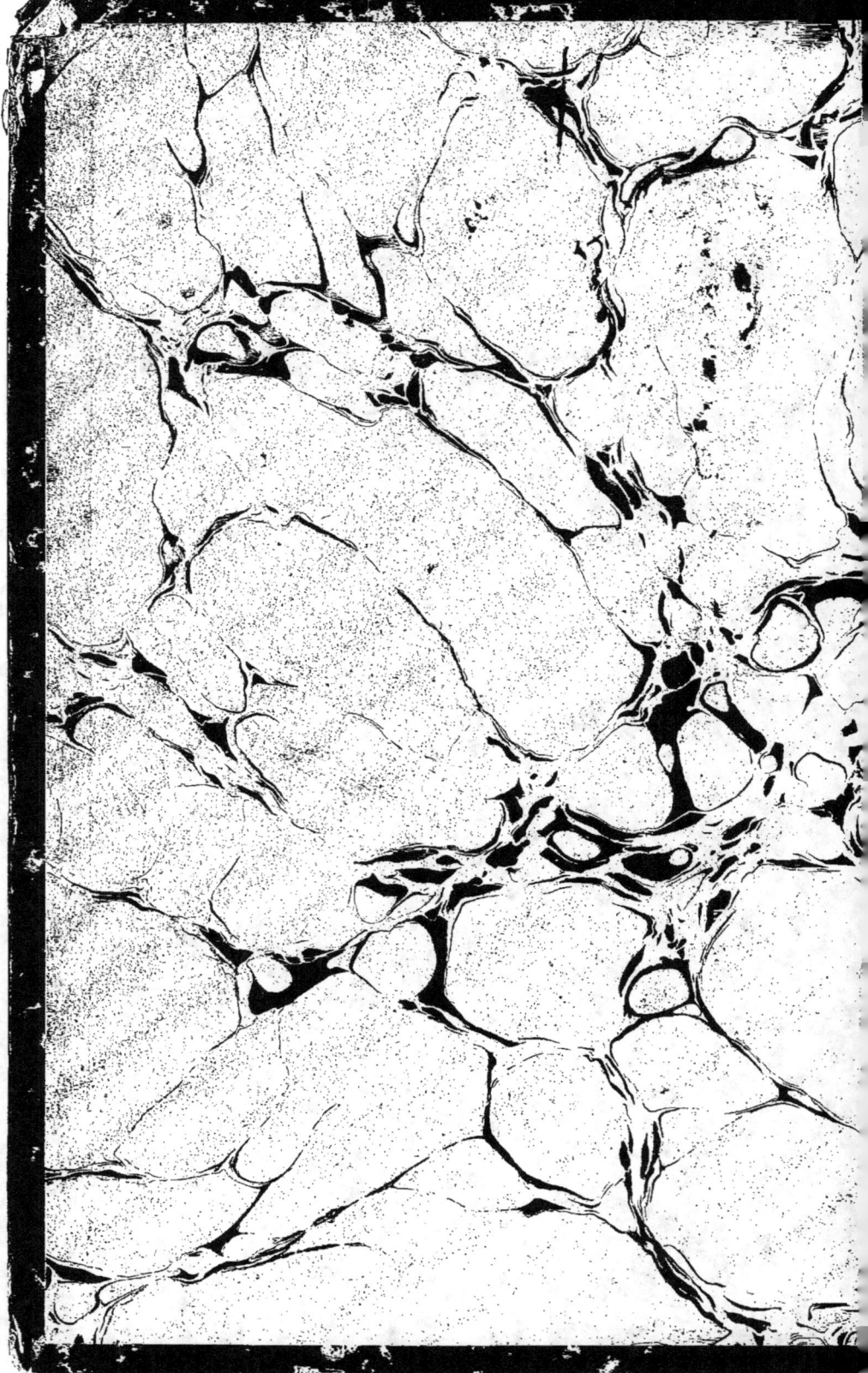

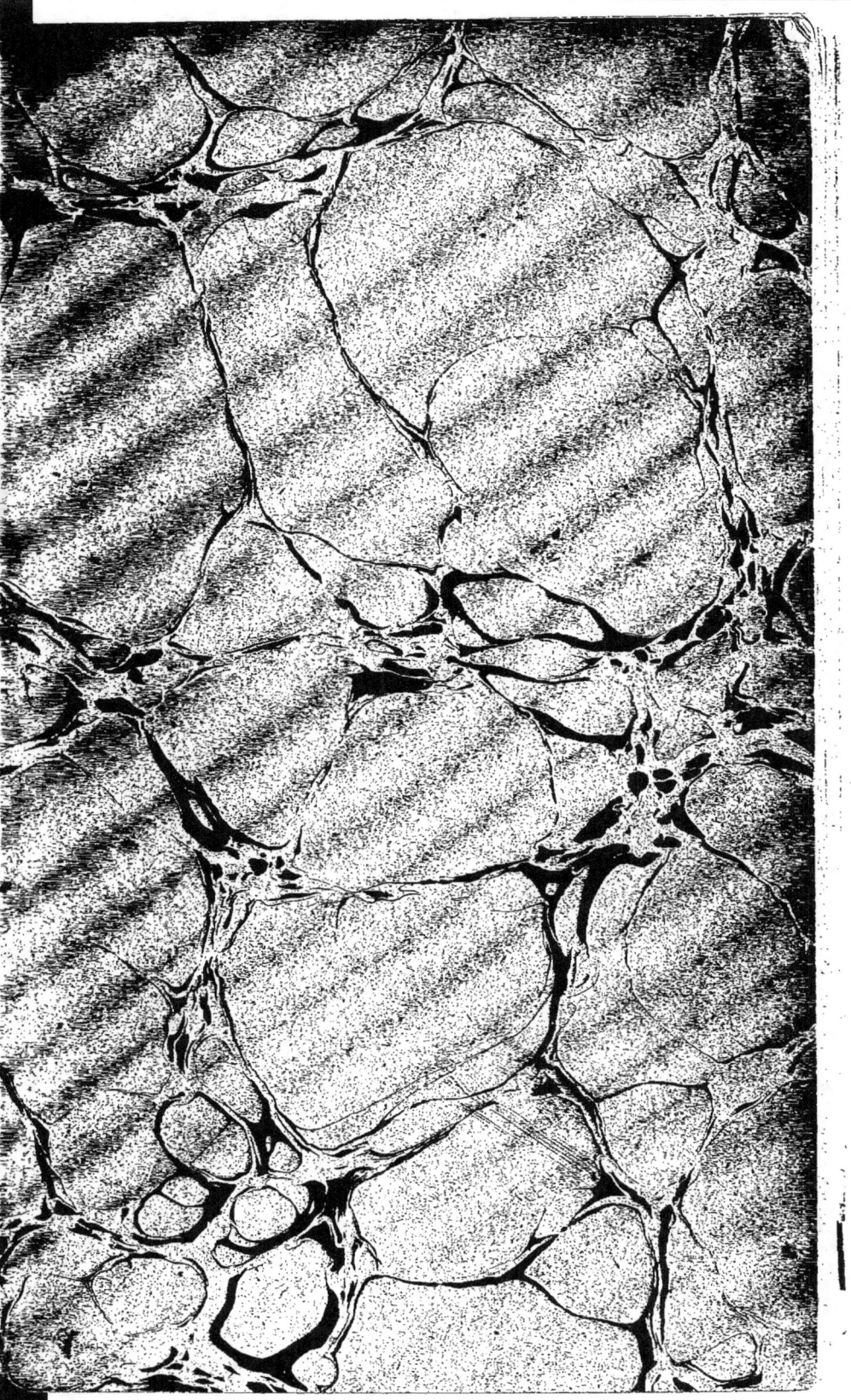

A. BARDOUX

ÉTUDES SOCIALES ET POLITIQUES

LA JEUNESSE

DE

LA FAYETTE

1757-1792

PARIS
CALMANN LÉVY, ÉDITEUR
RUE AUBER, 3, ET BOULEVARD DES ITALIENS, 15
A LA LIBRAIRIE NOUVELLE

1892

LA JEUNESSE

DE

LA FAYETTE

CALMANN LÉVY, ÉDITEUR

DU MÊME AUTEUR

Format in-8°

LE COMTE DE MONTLOSIER ET LE GALLICANISME . . . 1 vol.

LA COMTESSE PAULINE DE BEAUMONT . . . . 1 —

LA BOURGEOISIE FRANÇAISE . . . . 1 —

MADAME DE CUSTINE . . . . 1 —

ÉTUDES D'UN AUTRE TEMPS . . . . 1 —

Droits de reproduction et de traduction réservés pour tous pays,
y compris la Suède et la Norvège.

IMPRIMERIE CHAIX, RUE BERGÈRE, 20, PARIS. — 2036-2-92.

ÉTUDES SOCIALES ET POLITIQUES

LA JEUNESSE

DE

LA FAYETTE

1757-1792

PAR

A. BARDOUX

DE L'INSTITUT

PARIS
CALMANN LÉVY, ÉDITEUR
ANCIENNE MAISON MICHEL LÉVY FRÈRES
3, RUE AUBER, 3

1892

AVANT-PROPOS

Ce n'est pas un panégyrique que nous avons voulu écrire.

En étudiant de près La Fayette, nous n'obéissons pas à la manie, qu'on a toujours eue, de grossir les mérites des hommes appartenant à une école ou à un parti. Nous avons voulu clore nos études sur le XVIIIe siècle par un travail sur les idées politiques, en pénétrant plus profondément dans l'âme d'un des représentants les plus vrais de cette époque inoubliable.

Jusqu'à la dernière heure, La Fayette avait gardé la marque de son temps et le tour d'esprit de sa génération. Si notre cœur ramène ou fixe notre sensibilité à un jour heureux entre tous qu'on revoit, lorsqu'on rêve ou qu'on rentre en soi-même, ce jour pour La Fayette a été celui où le souffle généreux du xviiie siècle l'emporta vers l'Amérique. Durant toute une existence, traversée par des orages, des malheurs et des incidents sans nombre, il resta ce qu'il avait été à vingt ans.

Ce premier volume, consacré à sa jeunesse, suit La Fayette jusqu'à l'heure où, fuyant devant la guillotine, il quitta la patrie, non pas comme un émigré, mais en déclarant hautement qu'il était le représentant de la Révolution. Son rôle pendant cette tragique époque est aussi curieux à connaître que celui qu'il joua dans la guerre de l'Indépendance américaine.

Un autre volume, qui sera publié peu de mois après celui-ci, conduira La Fayette d'abord dans sa prison d'Olmütz et, après sa libération, dans sa retraite de Lagrange, où la Restauration le trouva prêt pour toutes les luttes et toutes les conspirations, et où la Révolution de Juillet le prit à son tour pour en faire un héros.

Caractère, tempérament, sentiments, idées, s'accusent dans les diverses crises politiques où il fut mêlé, jusqu'à ce que la mort arrêtât cette activité qui ne se lassa jamais.

L'histoire de La Fayette est l'histoire des origines de la France libérale. Il présente, en effet, ce spectacle attachant qu'ayant vécu longtemps, ayant connu bien des régimes, et ayant toujours eu la passion de la politique, il vit la moisson, après avoir été de ceux qui jetèrent la semence. Il nous permet donc de juger les résultats de la Révolution française et de comparer deux sociétés.

Madame de La Fayette occupe une place importante dans ces études : c'est qu'elle est encore plus intéressante que son mari, plus touchante et plus oublieuse d'elle-même. La louange est au-dessous de cette âme simple et forte.

Pour écrire ce livre, nous avons surtout puisé

dans cet amas de notes, de lettres, de documents de toute nature qu'on appelle les *Mémoires de La Fayette*, ouvrage précieux à consulter, mais indéchiffrable, si on ne l'éclaire avec les principales publications historiques qui se sont multipliées depuis vingt ans et qui touchent à tous les événements au milieu desquels vécut le général. Il en est une surtout qui, par son importance, par l'accumulation des dépêches diplomatiques, doit être signalée au premier rang. Nous voulons parler de la remarquable histoire de la *Participation de la France à l'établissement des États-Unis d'Amérique* par M. Henry Doniol.

Nous ne pouvons pas aussi oublier combien un des petits-fils de La Fayette, M. Paul de Rémusat, a mis de bonne grâce à nous renseigner, particulièrement sur les dernières années de son grand-père.

Mars 1892.

INTRODUCTION

Il eût manqué quelque chose à la haute société du xviiie siècle, on ne connaîtrait pas les conséquences logiques de ses lectures et de son éducation d'esprit ; on ne saurait pas davantage jusqu'où pouvaient aller, dans le milieu aristocratique le plus élevé, chez les jeunes nobles qui vivaient le plus près du trône, la liberté de la pensée, la hardiesse du jugement, le détachement des vanités du rang, si le marquis de La Fayette n'eût pas existé.

Que leur instruction politique eût été faite, que leur libéralisme n'eût pas été dans leur imagination ou, dans leur cœur plus que dans leur raison, et un certain nombre de ces grands seigneurs, une minorité, nous le reconnaissons, aurait pu, avec l'aide des circonstances, constituer en France une chambre des lords. Mais le pays n'était pas préparé à les comprendre. Ce rêve devait donc s'évanouir bien vite, aux premiers rayons du soleil de la Révolution. Les hobereaux de province, si peu éclairés, devaient, de leurs propres mains, détruire tout projet d'imitation de la constitution anglaise. On peut même affirmer que c'est l'idée qui a soulevé en eux le plus d'antipathies ; et de tous les hommes de 1789, les premiers qu'ils ont poursuivis de leurs sarcasmes et de leurs haines ont été ceux qui voulaient essayer d'acclimater dans notre nation les institutions d'au delà de la Manche.

L'influence de l'événement considérable qui doit jouer un rôle si important dans ces études, l'indépendance des États-Unis de l'Amérique du Nord, ne fut pas moins grande sur le tour d'esprit de nos jeunes patriciens ; les salons qu'ils fréquentaient, à Paris, virent leur langage et leurs goûts transformés, et, pendant les dix années qui précédèrent le choc inévitable de deux sociétés en hostilité sourde, l'insurrection des *Bostoniens*, comme on les appelait, fut un point d'appui pour cette poussée d'idées généreuses qui n'avait d'égale, dans sa vigueur, que la confiance aveugle dans l'avenir et dans la bonté humaine.

Celui qui représente le mieux, en face de l'école anglaise, le groupe de l'école américaine, par la simplicité et la chevalerie, par le courage et le désintéressement, par la probité et la volonté, par l'unité des lignes, par l'ignorance des hommes poussée jusqu'à la crédulité et la candeur, en même temps que par l'amour, nouveau jusqu'alors, de la popularité, mérite d'être étudié de près : des documents nouvellement publiés et les communications qui nous ont été faites permettent de juger équitablement cette honnête et noble figure.

Les historiens les plus austères, M. le duc

Victor de Broglie, qui l'avait connu, et M. Guizot, qui l'avait approché, ont parlé de lui avec une secrète estime et une liberté d'appréciation mêlée de bienveillance; mais ils ont surtout jugé le La Fayette de la restauration et des journées de Juillet, celui qui « était entouré de gens qui le flattaient et le pillaient ». Les quatre révolutions auxquelles il a assisté l'ont vu jouer un rôle considérable, sinon le premier, dans toutes apportant une ardeur d'esprit que les années n'amortissaient pas, une rectitude de conduite dont il ne dévia jamais, une sincérité et une absence de calculs que ses ennemis les plus acharnés n'ont jamais songé à contester, et un amour du pays qui fut pour lui une religion.

Si les années avaient un peu affaibli ses facultés, lorsque la mort l'atteignit, elles n'avaient pas modifié son caractère. Et cependant, pourquoi ne le dirions-nous pas? On s'est habitué à ne voir en lui que le côté extérieur; on se le représente toujours habillé en garde national, avec la cocarde aux trois couleurs et dans la banalité des accolades patriotiques. De l'esprit fin, du grand seigneur, simple de manières, du causeur charmant, du cœur généreux, du patriarche se faisant aimer de tous ceux qui l'approchaient, de l'âme indomptable, désintéressée, avec l'unité de la vie, il n'en est presque plus question. C'est de l'injustice.

Voir à travers un homme pareil, tant d'événements si divers, si intéressants, si dramatiques, est un sérieux attrait pour ceux qui ne se lassent pas de réfléchir sur les suites de la Révolution française. Mais si ce n'était pas assez d'être attiré vers La Fayette par le rôle historique qu'il a joué, il se trouve à côté de lui, le soutenant dans toutes ses épreuves, partageant sa captivité, une femme qui a eu tous les héroïsmes avec toutes les modesties, et qui reste le modèle accompli de l'amour conjugal. On peut dire de madame de La Fayette que son dévouement s'est élevé au-dessus de tous les genres d'épreuves. Née d'une des plus illustres familles de France, ayant vu de près les grandeurs en même temps que les extrémités de toutes les calamités humaines, elle n'avait gardé aucune vanité de ses joies mondaines comme de ses souffrances incomparables. Son cœur n'avait jamais aspiré qu'à la liberté de se consacrer en paix aux saintes affections qui remplissaient son âme, à celle surtout qui les dominait toutes. Les sentiments et les devoirs faciles d'une obscure destinée eussent suffi à la fille des Noailles. Elle était surtout, suivant sa touchante expression, une fayettiste.

Son mari et Dieu occupèrent sa vie. « Sa dévotion, comme lui disait en riant sa tante, madame de Tessé, était un mélange du catéchisme et de la Déclaration des droits. » — Et sa dernière parole devait être, en s'adressant à La Fayette : « Je suis toute à vous. » Elle l'avait bien prouvé depuis l'heure où il la quitta, après quelques mois de mariage, pour aller se battre en Amérique, et pendant les premières années de la Révolution, où elle avait accepté les opinions libérales, sans redouter le blâme de la société aristocratique dans laquelle elle vivait, mais aussi avec un tact qui l'empêchait de devenir une femme de parti; jusque pendant les mois terribles de la Terreur, le cou sous la hache, elle persistait à signer ses lettres : *Femme La Fayette.*

Quelle vie héroïque et sainte! Quelle âme forte et tendre! Y a-t-il dans notre histoire un plus noble exemple des vertus domestiques? Et pour les révéler au monde, peut-on lire un livre plus touchant que celui consacré par madame de Lasteyrie à sa mère?

Nous étudierons La Fayette à côté de l'âme de sa femme. Quand elle mourut et quand il eut écrit à M. de Latour-Maubourg l'admirable lettre de janvier 1808, il n'y eut plus pour lui de bonheur. Dans les luttes de la Restauration, ainsi que dans les premières années de la monarchie de Juillet, n'ayant plus à côté de lui celle dont l'élévation, la delicatesse, la tolérance honoraient et charmaient sa vie, on sent que quelque chose lui manque. Il eut raison d'écrire au meilleur de ses amis : « Je ne m'en relèverai jamais. »

Il semble donc que l'heure de l'Histoire soit venue pour l'honnête homme qui a joué un rôle si considérable pendant cinquante ans. Si les passions ne sont pas éteintes, tous les documents ont du moins été mis au jour et permettent aux esprits éclairés et calmes d'asseoir un jugement sans craindre d'être accusés de faiblesse ou d'injustice.

LA JEUNESSE
DE
LA FAYETTE

I

Marie-Paul-Joseph-Roch-Yves-Gilbert de Motier, marquis de La Fayette, appartenait à une ancienne et illustre maison. Elle se partagea, au XVIe siècle, en deux branches : l'aînée, la branche des Gilbert-Motier de La Fayette, dont était issu Gilbert, troisième du nom, le vaillant maréchal dont les chroniques nous ont gardé le nom ; et la cadette, la branche des Roch-Motier de Champetières, qui n'avait qu'une importance provinciale. La branche aînée fut attirée, en 1472, du côté de Velay par le mariage d'un de ses membres avec une Polignac.

Madame de La Fayette, de la branche aînée, l'auteur de *Zaïde* et de *la Princesse de Clèves*, avait laissé deux fils. L'un était abbé, l'autre eut une fille mariée à M. de La Trémoille. Héritière d'une partie des domaines des La Fayette, elle se prêta à faire rentrer dans les mains de ses cousins ceux de ses biens que les héritiers du nom pouvaient tenir à conserver. La branche à laquelle appartenait le marquis de La Fayette réunissait donc, au xviiie siècle, toutes les terres de la famille en Auvergne et possédait jusqu'au manoir du maréchal de La Fayette, qui s'appelait Saint-Romain.

Notre héros était venu au monde, le 6 septembre 1757, dans un vieux manoir du xive siècle, à Chavaniac, en Auvergne. Son père, colonel aux grenadiers de France, chevalier de Saint-Louis, avait été tué à la bataille de Minden, avant l'âge de vingt-cinq ans. Il laissait sa femme, Marie-Louise-Julie de la Rivière, enceinte de Gilbert, le dernier représentant de la seule branche qui restait de la famille.

Cet enfant fut élevé en Auvergne, auprès de

sa mère et de ses tantes, madame de Chavaniac et madame de Motier, sœurs de son père, et remis aux soins de l'abbé Fayon, un prêtre fort instruit. De cette enfance, recueillie et solitaire, il ne gardait le souvenir que d'une hyène qui, échappée d'une ménagerie, terrifiait le voisinage. Au grand désespoir de sa mère et de ses tantes, le jeune La Fayette n'avait qu'un désir, celui de la rencontrer, et cet espoir animait ses promenades dans les bois.

A l'âge de onze ans, il fut envoyé à Paris et entra au collège du Plessis. Il perdit presque aussitôt sa mère, et se trouva, encore enfant, à la tête d'une fortune considérable, plus de cent vingt mille livres de rente. Son grand-père maternel, le comte de la Rivière, capitaine-lieutenant des mousquetaires noirs, devint son curateur et le confia, pour son éducation militaire, à un officier de mérite, M. de Margelay. A douze ans, il entrait donc aux mousquetaires et sortait du collège pour prendre part à toutes les revues. A quatorze ans, pour compléter son éducation d'officier, il passa, comme tous les jeunes gentilshommes, une année à l'académie de Versailles.

Ceux qui l'ont connu dans son adolescence, le comte de La Marck, le comte de Ségur, le représentent comme un peu gauche, un peu embarrassé de sa personne, fuyant le monde, sérieux, d'un excellent caractère, d'une grande bonté et d'une bravoure à toute épreuve. Sa taille était très élevée, ses cheveux roux. Il recherchait néanmoins avec soin ce qu'on appelait alors le bon air, mais il montait mal à cheval ; et, à cause de sa taille, il dansait sans grâce.

Les jeunes nobles avec lesquels il vivait se montraient plus adroits que lui aux exercices alors à la mode, au jeu de paume ; mais tous l'aimaient. Comme le jeune La Fayette avait la libre disposition de ses revenus, « il avait beaucoup de chevaux et les prêtait avec obligeance à ses amis ».

Il avait quatorze ans à peine, et l'on s'occupait déjà à le marier ; celle qu'on lui choisissait était l'une des petites-filles de la maison de Noailles, Adrienne d'Ayen.

M. le duc d'Ayen, fils aîné du dernier maréchal de Noailles, avait cinq filles qu'on appelait, avant leur mariage : Louise, mademoiselle de Noailles ; Adrienne, mademoiselle d'Ayen ; Clotilde, mademoiselle d'Épernon ; Pauline, mademoiselle de Maintenon ; et Rosalie, mademoiselle de Montclar. Leur mère, née d'Aguesseau, était la petite-fille du chancelier.

Il était impossible de rencontrer plus de contrastes entre les deux époux. Le duc d'Ayen était partout ailleurs que dans son ménage. Occupé à la fois de chimie et des nouveaux opéras, de philosophie et des affaires de cour, il parlait de tout cela légèrement, mais avec élégance, comme des seules choses importantes ici-bas. La duchesse d'Ayen, au contraire, élevée d'abord au couvent, puis dans la maison de son père, « non moins grave et non moins réglée qu'un couvent », n'aimait que la retraite et portait dans sa piété quelque chose de l'austérité janséniste. Elle surveillait elle-même l'éducation de ses filles [1].

C'est toujours un problème que de savoir comment avait été élevée cette admirable génération de grandes dames qui surent si bien monter à l'échafaud. Nous trouvons dans deux documents d'une valeur morale inappréciable, la vie de madame d'Ayen et la vie de madame de La Fayette, la réponse à cette question.

Il n'y avait rien d'absolu dans la manière d'éduquer, de corriger ou de conduire de madame d'Ayen. Elle croyait n'avoir rien fait quand elle n'avait pas convaincu l'enfant à qui elle parlait, et elle écoutait tous les raisonnements de ses filles avec une bonté persévérante. Il en résultait peut-être quelques inconvénients, comme le manque de docilité. « Cela peut bien être, maman, lui répondait un jour Adrienne, celle qui fut madame de La Fayette, parce que vous nous permettez les raisonne-

[1]. *Correspondance entre Mirabeau et le comte de La Marck*, introduction. — *Vie de la duchesse d'Ayen*, par madame de La Fayette. *Mémoires de la marquise de Montagu*, publiés par M. Callet

ments et les objections; mais vous verrez qu'à quinze ans nous serons plus dociles que les autres. »

On leur enseignait d'abord le petit catéchisme de Fleury, puis le grand catéchisme du même auteur, ensuite l'Évangile. Les lectures étaient l'Ancien Testament abrégé de Mesenguy, le *Magasin des enfants*, les *Éléments de Géographie*, l'*Histoire ancienne* de Rollin. La conversation était un important moyen d'éducation. Madame d'Ayen lisait aussi avec ses filles les plus beaux morceaux de la poésie française, les plus belles pièces de Corneille, de Racine et de Voltaire. Elle leur apprenait à dicter des lettres, même avant qu'elles sussent elles-mêmes écrire.

Pauline, mademoiselle de Maintenon, celle qui fut madame de Montagu, raconte dans ses Mémoires qu'à trois heures, tous les jours, leur mère dînait avec elles et les emmenait, après le repas, dans sa chambre à coucher. La duchesse s'asseyait dans une bergère, près de la cheminée, ayant sous la main sa tabatière, ses livres, ses aiguilles. Ses cinq filles se groupaient alors autour d'elle : les plus grandes sur des chaises, les plus petites sur des tabourets, se disputant doucement à qui serait le plus près de la bergère. Tout en chiffonnant, on causait des leçons de la veille et des petits événements du jour. Cela n'avait pas l'air d'une leçon, et à la fin c'en était une, et de celles qu'on retenait le mieux. On comparait la duchesse d'Ayen pour le tour d'esprit, l'élévation des sentiments, la force d'âme, à la mère Angélique du Port-Royal, si la mère Angélique eût vécu dans le monde.

Cette méthode d'éducation avait développé chez Adrienne l'habitude de tout discuter. Elle saisissait toujours les difficultés et voulait les approfondir. « Elle fut, dans sa jeunesse, fort troublée par ses doutes sur la religion. Ses inquiétudes était loin de la détourner des pratiques de piété ; au contraire, le désir de connaître la vérité animait sa ferveur. Elle éprouvait un tel tourment de ses incertitudes, qu'elle l'a depuis comparé aux plus grandes peines qu'elle ait ressenties dans une vie si remplie de douleurs et d'anxiétés. Cette disposition commença vers l'âge de douze ans et dura plusieurs années. On la préparait alors à sa première communion ; mais son caractère si sincère ne lui permettait pas d'approcher de Jésus-Christ avec une foi chancelante. »

Madame la duchesse d'Ayen jugeait ces troubles, et ils ne lui déplaisaient pas. Elle en distinguait la source et y trouvait des motifs de consolation. Elle crut devoir différer la première communion d'Adrienne jusqu'à l'époque où elle serait calmée et raffermie.

C'est vers ce temps qu'elle reçut des propositions de mariage pour ses deux filles aînées. L'union de Louise et de son cousin le vicomte de Noailles fut rapidement résolue ; mais il n'en fut pas de même du mariage d'Adrienne avec le marquis de La Fayette. La future avait à peine douze ans et le futur quatorze. Nous lisons dans la *Vie de la duchesse d'Ayen* que l'extrême jeunesse de M. de La Fayette, l'isolement où il se trouvait, n'ayant aucun guide qui pût avoir sa confiance, une grande fortune et tout acquise, ce que madame d'Ayen regardait comme un danger de plus, toutes ces considérations la décidèrent d'abord à le refuser, malgré la bonne opinion qui était donnée de sa personne. Ce refus persista pendant une année; le consentement était au contraire vivement désiré par le duc d'Ayen.

La froideur qui existait entre les deux époux s'en accrut. Enfin, rassurée par la certitude que sa fille ne la quitterait pas pendant les premières années, et sur la promesse de différer le mariage jusqu'au moment où l'éducation de M. de La Fayette serait achevée, elle consentit. « Elle accepta, dit sa fille, celui que depuis elle a toujours chéri comme le fils le plus tendrement aimé, celui dont elle a senti le prix dès le premier moment qu'elle l'a connu, celui qui seul, de tous les appuis humains, pouvait soutenir les forces de mon cœur après l'avoir perdue. Son consentement la raccommoda avec mon père, qui, pendant quelque temps, avait été réellement brouillé avec elle[1]. » L'attrait avait devancé, chez Adrienne d'Ayen, ce sentiment si profond qui l'unit à La Fayette d'une manière encore plus étroite et plus tendre, au milieu de toutes les vicissitudes de la vie la plus agitée qui fut jamais, au milieu des alternatives de joies et de douleurs qui devaient la remplir pendant plus de trente années.

Le mariage se célébra le 11 avril 1774. La petite femme avait quatorze ans et demi; le jeune mari n'en avait pas dix-sept. Quelques voyages, comme capitaine, à Metz, où le régiment de Noailles tenait garnison, et dont le colonel était le prince de Poix, fils du maréchal de Mouchy, occupèrent une partie de l'été de 1774. La Fayette revint du régiment au mois de septembre, et, grande nouveauté de ce temps-là, il résolut de se faire inoculer. On loua à cet effet une maison à Chaillot, et le jeune ménage s'y enferma avec la duchesse d'Ayen, qui voulut donner à son gendre tous

1. *Vie de madame la duchesse d'Ayen*, par madame de La Fayette.

les soins que sa vigilance et sa tendresse savaient multiplier. L'hiver suivant, elle présenta les jeunes époux à la cour. Le duc d'Ayen était capitaine des gardes du corps. Le marquis et la marquise de La Fayette furent chaque semaine du bal de la reine. Il ne semble pas que ce grand monde ait plu à La Fayette. Ses fragments de *Mémoires* sont, sur ce point, très sobres de détails. Il était silencieux, « parce qu'il n'entendait guère de choses qui lui parussent mériter d'être dites[1] ». C'était le résultat d'un amour-propre déguisé et d'un penchant observateur. Il constate du reste le jugement défavorable que lui attiraient cette attitude et surtout la gaucherie de ses manières, « qui, sans être déplacées dans les grandes circonstances, ne se plièrent jamais aux grâces de la cour, ni aux agréments d'un souper de la capitale ».

Les Mémoires du temps complètent cette confession très sincère. Le comte de Ségur,

---

1. *Mémoires*, p. 7, t. 1er.

qui avait épousé une sœur d'un second lit de la duchesse d'Ayen et qui vivait dans l'intimité de son neveu, dit « qu'à dix-huit ans, La Fayette avait un maintien grave, froid et qui annonçait très faussement de l'embarras et de la timidité. Ce froid extérieur et ce peu d'empressement à parler faisaient un singulier contraste avec la pétulance, la légèreté et la loquacité brillante des personnes de son âge ; mais cette enveloppe, si froide aux regards, cachait l'esprit le plus actif, le caractère le plus ferme et l'âme la plus brûlante. » Le comte de Ségur avait été mieux que personne à portée de l'apprécier. A peine adolescent, La Fayette avait été amoureux. Il avait cru mal à propos que Ségur était son rival, et, malgré son amitié, dans un accès de jalousie, il avait passé presque toute une nuit chez son ami pour lui persuader de disputer, l'épée à la main, le cœur de la belle[1].

Cependant, un souffle novateur se faisait

---

1. *Mémoires de Ségur*, t. Ier.

sentir même dans les fantaisies. En attendant les batailles d'idées, la cour assistait à une querelle entre les jeunes et les vieux courtisans relativement à la mode. Les costumes paraissaient surannés à la nouvelle génération de gentilshommes. Le comte de Provence et le comte d'Artois avaient levé l'étendard de la révolte[1]. Le triomphe fut d'abord dans le camp des novateurs. Ils eurent un brillant succès; mais il ne dépassa pas la durée d'un carnaval. Dès qu'il fut fini, les vieux usages reprirent leur puissance; et les jeunes *beaux*, y compris La Fayette, allèrent oublier dans leurs garnisons respectives leurs rêves trop courts de paladins.

Cet essai d'innovation avait commencé fort gaîment par des parties de plaisir et des ballets. Une société de jeunes gens et de jeunes dames s'était formée. La Fayette et sa femme y figuraient avec MM. d'Havré, de Guémené, de Durfort, de Coigny, les deux Dillon, les deux

---

1. Voir Ségur, *Mémoires*, t. Ier, et *Correspondance de La Fayette*, t. Ier, p. 96. — Voir La Marck, introduction, t. Ier.

Ségur, la comtesse Auguste d'Arenberg, la duchesse de Fronsac, belle-fille du maréchal de Richelieu. Cette société tenait d'abord ses assises à Versailles ; elle prit ensuite ses rendez-vous près des Porcherons, dans l'auberge *A l'Épée de bois*, qui donna son nom à la société elle-même. Elle y venait déjeuner et souper.

La nécessité de faire des répétitions, avant d'exécuter des ballets devant Marie-Antoinette, avait permis à cette folle jeunesse, heureuse de vivre, un libre et fréquent accès chez la reine et dans les appartements des princes. La Fayette y vit de très près le comte d'Artois. Il était admis dans les quadrilles arrangés à Trianon. Il n'était pas élégant danseur, et la reine, qui ne devait jamais l'aimer, ne le trouvait pas déjà à son gré.

Quoi qu'il eût plus d'esprit que son beau-frère, le vicomte de Noailles, il était loin d'avoir sa grâce : « Mais aussi il ne possédait pas comme lui la malheureuse passion de vouloir toujours se signaler dans tout ce qui produisait de l'effet. » — Ainsi, depuis que le duc d'Orléans avait introduit à Mousseau les habitudes anglaises, on buvait beaucoup dans le grand monde; et le jeune vicomte de Noailles passait pour un buveur émérite, pouvant tenir tête aux seigneurs anglais qui venaient sur le continent. Un jour, dans un dîner auquel il n'assistait pas, mais dont le comte de La Marck faisait partie, La Fayette (n'oublions pas qu'il avait à peine dix-sept ans) avait bu plus de champagne qu'à l'ordinaire, et, comme il était indisposé, il fallut le mettre dans sa voiture et le ramener chez lui. Pendant le trajet, il répétait à ceux qui l'entouraient ce mot d'enfant : « — N'oubliez pas de dire à Noailles combien j'ai bu ! » — C'est à peu près tout ce que le comte de La Marck, qui n'est pas bienveillant pour La Fayette, a pu raconter de lui dans ces années si renommées pour la douceur de vivre.

Au milieu des soupers et des bals, la politique osait pénétrer en riant. Le rappel des parlements occupait alors les esprits. La société de l'*Épée de bois* s'avisa de parodier les séances de ces graves assemblées. Le comte d'Artois jouait le rôle de premier président; et, ce qui peut sembler assez piquant, La Fayette, dans une de ces joyeuses audiences, remplit les fonctions de procureur général.

Le mécontentement que l'intimité, accordée par les princes à quelques jeunes gentilshommes, inspirait aux représentants de la vieille cour, éclata brusquement. On prit prétexte d'une étourderie et l'on fit sentir à M. de Maurepas l'inconvénient de laisser les princes entourés de légers courtisans qui s'étaient permis de tourner en dérision la haute magistrature. Brid'oison n'était pas loin. — Pour détourner l'orage, le comte de Ségur, un des grands coupables, se trouvant au coucher du roi, s'approcha d'un de ses amis, fit le récit d'une de leurs folles séances et prit soin de rire avec une indiscrétion qui le fit remarquer de Louis XVI. Venant alors au comte de Ségur, il lui demanda le sujet de cette bruyante gaieté. Après s'être défendu quelques moments de pouvoir en avouer tout haut le motif, le roi lui dit de le suivre, et, s'approchant d'une fenêtre, il se fit conter tout ce qui s'était passé dans une des séances pseudo-parlementaires. Ségur donna à son récit la forme, la couleur, l'esprit, qui pouvaient le rendre amusant. Louis XVI l'écouta et rit beaucoup. Le lendemain, au moment où Maurepas tentait de provoquer contre la jeune cour les sévérités royales et s'efforçait de grandir les conséquences d'un travestissement qui, disait-il, livrait au ridicule la dignité du Parlement : « Cela suffit, répondit le roi, on y songera pour l'avenir; mais, pour le présent, il n'y a rien à faire, car je suis presque moi-même au nombre des coupables [1]. »

Ainsi se passa la première année du mariage de La Fayette. On peut le croire, quand il écrit qu'il ne se plia jamais *aux grâces de la cour*. Il donna, du reste, en ce temps-là, une preuve éclatante de ses goûts modestes

---

1. *Mémoires de ma main*, p. 8.

et de sa volonté en n'hésitant pas à déplaire à ses nouveaux parents pour sauvegarder son indépendance. Il s'agissait d'un titre dans la maison du comte de Provence. Le maréchal de Noailles désirait cet arrangement. Pour l'empêcher, sans résister à ceux qu'il aimait, La Fayette fit en sorte de mécontenter par un mot le prince, à la personne duquel on voulait l'attacher! Toute négociation fut à jamais rompue. On sentait déjà dans l'air les effluves de 1789.

Une vie de dissipation n'était pas non plus de l'éducation de madame de La Fayette. Elle était obligée d'aller, ainsi que sa sœur, la vicomtesse de Noailles, au spectacle et au bal de la cour. Mais jamais, même dans sa plus grande jeunesse, elle n'avait cru pouvoir goûter un seul des amusements du monde sans quelque motif de devoir : « Elle ne s'y décidait pas légèrement; mais, après cela, elle s'y livrait franchement et sans scrupule. » Son sentiment pour son mari était au-dessus de toutes ses autres affections; et ce sentiment, au dire de madame de Lasteyrie, s'accordait avec une délicatesse qui l'éloignait de toute espèce de jalousie, « ou du moins des mauvais mouvements qui en sont d'ordinaire la suite ».

Ses doutes sur la religion, qui avaient violemment agité sa conscience, s'étaient dissipés. En pleine connaissance d'elle-même, elle fit sa première communion le dimanche de Quasimodo qui suivit l'hiver de 1776. Elle devint grosse cette même année et mit au monde une fille qu'elle appela Henriette et qui ne devait pas vivre plus de vingt-deux mois.

Des événements se préparaient qui allaient à jamais entraîner La Fayette loin du monde où son beau-père, le duc d'Ayen, eût voulu le retenir.

II

C'est à Spa, le café de l'Europe au xviiie siècle, le lieu de plaisir où l'on jouissait d'une liberté plus étendue que dans aucune contrée du monde, grâce au souverain de ce petit pays, l'évêque de Liège, c'est à Spa que le comte de Ségur, l'ami et l'oncle de La Fayette, apprit les événements qui annonçaient en Amérique une prochaine révolution. On était dans l'été de 1776, La Fayette était alors en garnison à Metz. Le duc de Glocester, frère du roi d'Angleterre, vint dans cette ville, et un dîner lui fut donné chez le gouverneur, le comte de Broglie, personnage de beaucoup d'esprit et de talent, dont la correspondance secrète avec le roi Louis XV tient une place considérable dans l'histoire du xviiie siècle. Le comte de Broglie attirait à lui la jeunesse par sa bienveillance et par sa perspicacité. Il avait invité le jeune La Fayette à ce dîner; le duc de Glocester venait de recevoir des lettres d'Angleterre et il mit la conversation sur ce qu'elles contenaient, c'est-à-dire la nouvelle de la déclaration d'indépendance de l'Amérique. Tout cela était nouveau pour La Fayette. Il écoutait avec une ardente curiosité. Il pressait le duc de questions. Les réponses ajoutaient à son intérêt ou plutôt à son enthousiasme. Avant la fin du repas, il avait conçu le projet de partir pour l'Amérique[1].

A compter de ce moment, il n'eut plus d'autre pensée. Pour réaliser son dessein, il se rendit presque aussitôt à Paris. Le premier coup de canon qui avait été tiré dans l'autre hémisphère avait retenti dans toute l'Europe

---

1. *Writings of George Washington*, t. V, appendice, n° 1, p. 445.

avec la rapidité de la foudre. On appelait alors les Américains « insurgens » et « Bostoniens ». Leur courageuse audace électrisait les esprits, particulièrement à Paris. Dans cette société encore aristocratique par ses formes, La Fayette fut frappé de voir éclater un si vif et si général intérêt pour la révolte d'un peuple contre un roi. La mode elle-même montra bien la rapidité de l'engouement. Dans les salons, le jeu anglais, le *whist*, se vit tout à coup remplacé par un jeu non moins grave qu'on nomma le *boston*. « Ce mouvement, remarque M. de Ségur, quoiqu'il semble bien léger, est un notable présage des grandes conversions auxquelles le monde entier ne devait pas tarder à être livré [1]. » Personne à Paris ne se montrait favorable à la cause de l'Angleterre, et chacun y faisait publiquement des vœux pour celle des *Bostoniens*.

Quoiqu'il eût à peine dix-neuf ans, La Fayette vit clairement que jamais si belle cause

1. *Mémoires de Ségur*, t. 1er.

n'avait attiré l'attention des hommes. Avec un sens politique très juste, il jugea en même temps que, dans cette question de liberté des colonies anglaises, les destins de la France et ceux de sa rivale allaient se décider. La Grande-Bretagne se voyait enlever, avec les nouveaux États, un important commerce, un quart de ses sujets, augmentant sans cesse par une incessante émigration. Les treize colonies retombaient-elles, au contraire, sous le joug de la métropole, c'en était fait de nos Antilles, de nos possessions d'Afrique et d'Asie, de notre commerce maritime et, par conséquent, de notre marine.

Le comte de Ségur était aussi accouru à Paris et il avait rejoint La Fayette et le vicomte de Noailles, tous les trois unis par les liens du sang, et, ce qui les serre mieux, par des idées et des passions communes. Ils devaient s'embarquer ensemble, et en attendant l'organisation de leur expédition, le secret devait être par eux fidèlement gardé. Il le fut aussi par le comte de Broglie, qui, ayant reçu la confidence de La Fayette, essaya d'abord de le détourner de son dessein.

« J'ai vu mourir votre oncle dans la guerre d'Italie, lui disait-il. J'étais présent à la mort de votre père à la bataille de Minden, et je ne veux pas contribuer à la ruine de la seule branche qui reste de la famille. »

Cependant, reconnaissant une résolution inébranlable, il sut la comprendre, et son cœur, après de vains efforts pour arrêter La Fayette, le suivit « avec une tendresse paternelle[1] ».

Si le comte de Broglie voulut être son guide, il n'en fut pas de même du duc d'Ayen. Sa colère fut violente contre son gendre, dès qu'il connut sa résolution. L'opinion du grand monde, au contraire, fut hostile aux Noailles.

« Les dames françaises, écrivait lord Stormont, ambassadeur d'Angleterre, à son gouvernement, blâment les parents de M. de La Fayette d'avoir tâché de l'arrêter dans une si

---

1. *Mémoires de ma main*, p. 9.

noble entreprise. Si le duc d'Ayen, disait l'une d'elles, traversait un tel gendre dans une telle tentative, il ne devrait plus espérer de marier ses filles [1]. »

Le vieux maréchal de Noailles, qui naguère priait le comte de Ségur d'user de son influence sur son ami pour échauffer sa froideur, le réveiller de son indolence, et pour communiquer un peu de flamme à son caractère, n'en revenait pas lorsqu'il apprit tout à coup que ce jeune sage de dix-neuf ans, emporté par la passion de la gloire, voulait franchir l'océan pour combattre en faveur de la liberté américaine.

Le gouvernement français, qui désirait l'affaiblissement de la puissance de l'Angleterre, allait être insensiblement entraîné par cette opinion libérale qui se déclarait avec tant de vivacité. Il laissait donner par la marine marchande des secours en armes, en munitions et en argent aux *insurgens*. Il laissait Beaumar-

---

[1]. Voir *Vie de Madame de La Fayette* et *Mémoires de Ségur*.

chais faire ses envois de fusils, et quand l'ambassadeur d'Angleterre se plaignait à notre cour, elle niait les faits, ordonnait le déchargement des objets de contrebande et chassait de ses ports les corsaires américains. Notre gouvernement s'aveuglait au point de croire que ses démarches secrètes ne seraient pas aperçues. Les voiles dont il se couvrait devenaient de jour en jour plus transparents.

Bientôt on vit arriver à Paris les députés américains, Sileas Deane et Arthur Lee. Le docteur Franklin vint les rejoindre peu de temps après.

Il serait difficile d'exprimer avec quelle faveur furent accueillis en France, au sein d'une vieille monarchie, ces envoyés d'un peuple en insurrection. Tous les Mémoires du temps en font foi. Les commissaires du congrès n'étaient pas encore reconnus officiellement comme agents diplomatiques. Ils n'avaient pas obtenu d'audience de Louis XVI, et cependant on voyait chaque jour accourir dans leur demeure, les hommes les plus distingués et les plus en renom, philosophes, savants, littérateurs. Nos jeunes officiers s'empressaient, de leur côté, de questionner les commissaires américains sur la situation de leurs affaires et sur leurs moyens de défense. Leurs milices encore inexpérimentées, novices dans le métier des armes, venaient d'éprouver des revers successifs, devant la solidité et la tactique des troupes anglaises. Sileas Deane et Arthur Lee ne dissimulaient pas que le secours de quelques officiers instruits leur était indispensable. Sans doute, l'attrait des périls et l'amour de l'indépendance avaient déjà attiré en Amérique plusieurs volontaires européens, entre autres deux Polonais dont l'histoire a conservé les noms, Pulawski et Kosciusko, mais on juge de quelle importance eût été pour la cause américaine l'adhésion franche et complète de vrais officiers français appartenant aux premières familles du royaume. Cette adhésion, le marquis de La Fayette, le comte de Ségur et le vicomte de Noailles la donnèrent. La conformité de leurs sentiments, de leurs opinions, de leurs désirs, ne s'étendait pas alors à leur fortune. Le vicomte de Noailles et le comte de Ségur ne jouissaient que de la pension payée par leurs parents. La Fayette, au contraire, quoique plus jeune et moins avancé en grade, se trouvait, à l'âge de dix-neuf ans, maître de ses biens, de sa personne et possesseur de plus de cent vingt millle livres de rente.

Voulant s'adresser à M. Deane, il eut recours au comte de Broglie, qui le mit en relations avec le baron de Kalb, officier allemand au service de la France, cherchant de l'emploi chez les *insurgens*, suivant l'expression du temps. Kalb savait l'anglais, il servit d'interprète à La Fayette, et l'accompagna chez M. Deane.

« En présentant à M. Deane ma figure à peine âgée de dix-neuf ans (c'est La Fayette qui le raconte), je parlai plus de mon zèle que de mon expérience; mais je lui fis valoir le petit éclat de mon départ, et il signa l'arrangement. »

Le secret de cette négociation et des préparatifs qui la suivirent fut miraculeusement gardé.

Le comte de Broglie trouva aisément des officiers sans place et sans fortune, parmi lesquels il en choisit plusieurs destinés à servir d'escorte à La Fayette. Celui-ci les prit à sa solde. Ce n'est pas le seul service que lui rendit le comte de Broglie. Il envoya son secrétaire, M. du Boismartin, à Bordeaux pour assurer l'achat et l'équipement du vaisseau dont La Fayette avait besoin. La défense du duc d'Ayen n'avait fait qu'irriter son gendre. Cependant il dissimula et parut d'abord obéir aux ordres qu'il avait reçus.

Pendant qu'on s'occupait d'armer le navire, de funestes nouvelles arrivaient d'Amérique. Les forces de Washington étaient anéanties. Trois mille hommes seuls restaient en armes, et le général Howe les poursuivait. L'envoi d'un bâtiment devenait presque impossible. Deane et Lee eux-mêmes crurent devoir faire témoigner à La Fayette leur découragement et le détourner de son projet. C'était bien peu le connaître. Il se rendit chez M. Deane, et le remerciant de sa franchise :

« Jusqu'ici, monsieur, dit-il, vous n'avez vu que mon zèle! Il va peut-être devenir utile ; j'achète un bâtiment qui portera vos officiers. Il faut montrer de la confiance, et c'est dans le danger que j'aime à partager votre fortune [1]. »

Ainsi, dans le même temps où le général Washington, réduit à un corps de deux à trois mille hommes, ne désespérait pas de la chose publique, le même sentiment animait à mille lieues de là un jeune homme de dix-neuf ans, destiné à devenir son intime ami et à participer avec lui à l'heureux résultat de cette lutte. Les commissaires américains lui promirent le grade de major général.

Pour mieux couvrir ses préparatifs, il réalisa un voyage en Angleterre, depuis longtemps projeté. Il séjourna à Londres trois semaines, avec son parent le prince de Poix. Il y vit le

---

1. *Mémoires de ma main*, p. 12.

docteur Édouard Bancroft et fut présenté au roi George, par l'ambassadeur de France, le marquis de Noailles, frère du duc d'Ayen, oncle de madame de La Fayette. Il alla même danser chez lord Germain, ministre des colonies, et rencontra à l'Opéra le général Clinton, qu'il devait retrouver sur le champ de bataille de Monmouth. Il affichait ses sentiments pour les Américains, et son attitude le fit rechercher par lord Shelburne, qui l'invita à déjeuner.

La résolution de La Fayette étant inébranlable, il écrivit de Londres le 7 mars 1777 à son beau-père :

« Vous allez être étonné, mon cher papa, de ce que je vais vous mander; il m'en a plus coûté que je ne puis vous l'exprimer pour ne pas vous consulter. Mon respect, ma tendresse, ma confiance en vous, doivent vous en assurer; mais ma parole était engagée, et vous ne m'auriez pas estimé si j'y avais manqué.

» J'ai trouvé une occasion unique de me distinguer et d'apprendre mon métier. Je suis officier général dans l'armée des États-Unis d'Amérique. Mon zèle pour leur cause et ma franchise ont gagné leur confiance. De mon côté, j'ai fait ce que j'ai pu pour eux, et leurs intérêts me seront un jour plus chers que les miens. Enfin, mon cher papa, pour le moment je suis à Londres, attendant toujours des nouvelles de mes amis : dès que j'en aurai, je partirai d'ici, et sans m'arrêter à Paris j'irai m'embarquer sur un vaisseau que j'ai frété et qui m'appartient... Je suis au comble de la joie d'avoir trouvé une si belle occasion de faire quelque chose et de m'instruire. Je sais bien que je fais des sacrifices énormes, et qu'il m'en coûtera plus qu'à personne pour quitter ma famille, mes amis, vous, mon cher papa, parce que je les aime plus tendrement qu'on n'a jamais aimé; mais ce voyage n'est pas bien long; on en fait tous les jours de plus considérables pour son seul plaisir, et d'ailleurs j'espère en revenir plus digne de tout ce qui aura la bonté de me regretter. Adieu, mon cher papa, j'espère vous revoir bientôt ; conservez-moi votre tendresse. J'ai bien envie de la mériter, et je la mérite déjà par celle que je sens pour vous et le respect que conservera toute sa vie votre tendre fils. »

Après avoir écrit cette lettre si digne, si chevaleresque, qui le met hors de son milieu, et au-dessus des ambitions vulgaires, il se rembarque pour Paris, y arrive incognito, descend chez M. de Kalb et se cache trois jours à Chaillot.

Un matin, à sept heures, il entre brusquement dans la chambre de son ami, le comte de Ségur, ferme hermétiquement la porte et s'asseyant près de son lit, lui dit : « Je pars pour l'Amérique [1], tout le monde l'ignore ; mais je t'aime trop pour avoir voulu partir sans te confier mon secret. — Et quel moyen

---

1. Voir Ségur, *Mémoires*, t. Ier.

as-tu pris, lui répondit Ségur, pour assurer ton embarquement? » La Fayette lui fit alors un récit complet de son plan, lui donna même le nom des officiers qui consentaient à partager son sort et qui lui avaient été recommandés par le comte de Broglie. Il lui cita particulièrement M. de Ternant, militaire aussi brave qu'instruit, M. de Valfort, dont la science profonde le fit désigner quelques années plus tard pour la direction de l'école militaire.

La Fayette alla faire les mêmes confidences à son beau-frère, le vicomte de Noailles.

Le point le plus pénible était la séparation de sa jeune femme. Elle était au milieu d'une seconde grossesse. On juge de sa douleur ! Outre ce qu'elle souffrait elle-même, elle avait encore le chagrin de voir la colère de son père. Elle mit toute sa volonté en œuvre pour dissimuler les tortures de son cœur. Les soins de sa vaillante mère furent pour elle une vraie consolation. La duchesse d'Ayen, alarmée pour son propre compte de l'éloignement et des dangers du gendre qu'elle chérissait comme un fils, ayant, moins que personne au monde, le goût de l'ambition, la soif de la gloire humaine, jugea cependant l'entreprise « comme elle a été jugée par le reste du monde [1] ». Retranchant absolument des torts apparents de cette entreprise ce qu'elle pouvait coûter à la fortune de son gendre, madame d'Ayen trouva, dès le premier moment, un motif de la distinguer de ce qu'on appelle une folie de jeune homme. « Les sentiments de son cœur pour mon mari, écrivait madame de La Fayette, la rendaient propre à adoucir les déchirements du mien. Elle m'apprit elle-même le cruel départ et s'occupa de me consoler en cherchant les moyens de servir M. de La Fayette avec cette tendresse généreuse, cette supériorité de vues et de caractère qui la développaient tout entière. »

Le départ et le voyage furent toute un série d'aventures. A peine La Fayette était-il en route pour Bordeaux que le duc d'Ayen lui-même courut informer Maurepas. Des ordres

1. Voir *Vie de la duchesse d'Ayen*. — *Vie de madame de La Fayette*.

furent immédiatement expédiés à M. de Frenel, commandant en Guyenne, pour qu'il retînt La Fayette. Il fut en même temps convenu que Maurepas lui enverrait l'ordre de se rendre à Avignon, où il trouverait son beau-père et sa tante, la comtesse de Tessé, et que de là on partirait pour visiter l'Italie.

Après avoir conduit son vaisseau au port du Passage, La Fayette, au risque de se faire arrêter, était revenu à Bordeaux, et par une déclaration remise à M. de Frenel, il assumait sur lui seul les suites de son évasion. Il écrivit aux ministres, à ses amis. Parmi ces derniers était M. de Coigny, qui l'avertit aussitôt de ne pas concevoir aucune espérance d'obtenir l'autorisation de partir. Ce fut le comte de Broglie qui le tira encore d'embarras. Il l'engagea à se rendre en Espagne et à ne pas revenir à Paris, où l'avortement de ses projets l'exposerait au ridicule. Feignant alors de se rendre à Marseille, La Fayette partit en chaise de poste avec un officier nommé Monroy. A quelques heures de Bordeaux, il monta à cheval, déguisé en courrier et courut devant la voiture qui prit la route de Bayonne [1]. Là ils restèrent deux ou trois heures, et pendant que Monroy y faisait quelques affaires indipensables La Fayette resta couché sur la paille de l'écurie. Ce fut la fille du maître de poste qui reconnut le faux courrier à Saint-Jean-de-Luz pour l'avoir vu, quand il revenait du port du Passage à Bordeaux. Mais un signe la fit taire.

C'est ainsi que La Fayette rejoignit son vaisseau, qu'il nomma *la Victoire*, le 26 avril 1777, et, le même jour, après six mois d'efforts et d'impuissance, il mit à la voile pour le continent américain. La cour de France dépêcha des ordres aux îles Sous-le-Vent pour l'arrêter s'il relâchait. La Fayette déclara au capitaine que, le vaisseau lui appartenant, il le destituerait à la moindre résistance et donnerait le commandement à son second. S'étant aperçu que le motif de cette résistance était la crainte pour le capitaine de perdre une car-

---

1. Sparks et *Mémoires de ma main*.

gaison de huit mille dollars, La Fayette en garantit la valeur sur sa caisse personnelle, et le bon accord fut rétabli [1].

Un autre péril menaçait le bâtiment qui portait La Fayette et sa fortune, c'étaient les corsaires anglais. Ce lourd navire, armé seulement de deux canons et de quelques fusils, n'eût pas échappé. La Fayette avait pris la résolution de sauter plutôt que de se rendre. Les mesures furent prises en conséquence, avec un brave marin hollandais nommé Bedaux. Le capitaine insista sur une relâche aux îles Sous-le-Vent ; mais, comme le prévoyait La Fayette, on y eût trouvé des lettres de cachet, et, moins de gré que de force, le capitaine dut suivre une route directe.

A quarante lieues des côtes, on fut atteint par un petit bâtiment. On se prépara pour la défense. Par bonheur c'était un vaisseau américain, qu'on s'efforça vainement d'accompa-

---

[1]. Washington's writings.

gner. A peine fut-il perdu de vue qu'on rencontra deux frégates anglaises. On put encore leur échapper.

Les longues heures de la traversée, notre héros les remplissait en pensant à madame de La Fayette. Il est impossible de ne pas être charmé par ses lettres si sincères, si jeunes, si tendres :

« A bord de *la Victoire*, ce 30 mai 1777.

» C'est de bien loin que je vous écris, mon cher cœur, et à ce cruel éloignement se joint l'incertitude encore plus affreuse du temps où je pourrai savoir de vos nouvelles... Que de craintes, que de troubles j'ai à joindre au chagrin déjà si vif de me séparer de tout ce que j'ai de plus cher ! Comment aurez-vous pris mon second départ? (Le premier était le voyage à Londres.) M'en aurez-vous moins aimé ? M'aurez-vous pardonné ? Aurez-vous songé que, dans tous les cas, il fallait être séparé de vous, errant en Italie et traînant une vie sans gloire, au milieu des personnes les plus opposées à mes projets et à ma façon de penser? Toutes ces réflexions ne m'ont pas empêché d'éprouver un mouvement affreux dans ces terribles moments qui me séparaient du rivage.

» Vos regrets, ceux de mes amis, Henriette (son premier enfant, qu'il perdit pendant son voyage), tout s'est représenté à mon âme d'une manière déchirante. C'est bien alors que je ne me trouvais plus d'excuse. Si vous saviez tout ce que j'ai souffert, les tristes journées que j'ai passées en fuyant tout ce que j'aime au monde ! Joindrai-je à ce malheur celui d'apprendre que vous ne me pardonnez pas? En vérité, mon cœur, je serais trop à plaindre.

» Mais je ne vous parle pas de moi, de ma santé, et je sais que ces détails vous intéressent. Je suis dans le plus ennuyeux des pays. La mer est si triste! et nous nous attristons, je crois, mutuellement, elle et moi... Je devrais être arrivé ; mais les vents m'ont cruellement contrarié. Je ne me verrai pas avant huit ou dix jours à Charlestown...

» Pourvu que j'apprenne que vous vous portez bien, que vous m'aimez toujours et qu'un certain nombre d'amis sont dans le même cas, je serai d'une philosophie parfaite sur tout le reste, de quelque espèce et de quelque pays qu'il puisse être. Mais aussi, si mon cœur était attaqué dans un endroit bien sensible, si vous ne m'aimiez plus tant, je serais trop malheureux. Mais je ne dois pas le craindre, n'est-ce pas, mon cher cœur? J'ai été bien malade dans les premiers temps de mon voyage, et j'aurais pu me donner la consolation amusante qui est de souffrir en nombreuse compagnie. Je me suis traité à ma manière. J'ai été plus tôt guéri que les autres ; à présent, je suis à peu près comme à terre... Vous voyez que je vous dis tout, mon cher cœur; aussi ayez-y confiance et ne soyez pas inquiète sans sujet... Parlons de choses plus importantes! Parlons de vous, de la chère Henriette, de son frère ou de sa sœur! (madame de La

Fayette était grosse.) Henriette est si aimable qu'elle donne le goût des filles. Quel que soit notre nouvel enfant, je le recevrai avec une joie bien vive. Ne perdez pas un moment pour hâter mon bonheur, en m'apprenant sa naissance. Je ne sais pas si c'est parce que je suis deux fois père, mais je me sens plus père que jamais... »

« 7 juin.

» Je suis encore dans cette triste plaine. Pour me consoler un peu, je pense à vous, à mes amis ! Je pense au plaisir de vous retrouver. Quel charmant moment, quand j'arriverai, que je viendrai vous embrasser tout de suite, sans être attendu ! Vous serez peut-être avec vos enfants. J'ai même, à penser à cet heureux instant, un plaisir délicieux ! Ne croyez pas qu'il soit éloigné; il me paraîtra bien long, sûrement; mais, dans le fait, il ne sera pas aussi long que vous allez vous l'imaginer...

» Vous avouerez, mon cœur, que l'occupation et l'existence que je vais avoir sont bien différentes de celles qu'on me gardait dans ce futile voyage (en Italie). Défenseur de cette liberté que j'idolâtre, libre moi-même plus que personne, en venant, comme ami, offrir mes services à cette république si intéressante, je n'y porte que ma franchise et ma bonne volonté, nulle ambition, nul intérêt particulier ; en travaillant pour ma gloire, je travaille pour leur bonheur. J'espère qu'en ma faveur, vous deviendrez bonne Américaine ; c'est un sentiment fait pour les cœurs vertueux. Le bonheur de l'Amérique est intimement lié au bonheur de toute l'humanité ; elle va devenir le respectable et sûr asile de la liberté.

» Adieu, la nuit ne me permet pas de continuer, car j'ai interdit toute lumière dans mon vaisseau depuis quelques jours. Voyez comme je suis prudent ! Adieu donc ! Si mes doigts sont un peu conduits par mon cœur, je n'ai pas besoin de voir clair pour vous dire que je vous aime et que je vous aimerai toujours. »

Tout La Fayette est déjà dans cette lettre *sensible*, héroïque, avec le grain de chimère et d'optimisme généreux qui sent le xviiie siècle.

Ce ne fut que le 16 juin 1777, après sept semaines de navigation et d'incidents de toute sorte, que La Fayette eut la bonne chance d'aborder en Caroline et de mouiller devant Georgetown. Remontant en canot la rivière, il sentit enfin sous ses pieds le sol américain, « et son premier mot fut un serment de vaincre ou de périr pour la cause de l'indépendance [1] ».

---

1. Nous renvoyons nos lecteurs pour l'ensemble des faits à la remarquable *Histoire de la participation de la France à l'indépendance des États-Unis*. L'auteur, M. Henry Doniol, a été le premier éditeur de tous ces documents. Personne ne les avait jusqu'à ce jour mis en ordre et agencés dans l'histoire générale. Ce beau travail a mérité le prix Gobert.

III

Il descendit chez le major Huger, le père de celui qui devait si vaillamment se dévouer pour le sauver des prisons d'Olmütz.

Sa pensée va trouver madame de La Fayette, et il lui écrit aussitôt ce billet tout pimpant :

« J'arrive, mon cher cœur, en très bonne santé, dans la maison d'un officier américain, et, par le plus grand bonheur du monde, un vaisseau français met à la voile ; jugez comme j'en suis aise. Je vais ce soir à Charlestown. Je vous y écrirai. Il n'y a point de nouvelles intéressantes. La campagne est ouverte ; mais on ne se bat point, très peu du moins. Les manières de ce monde-ci sont simples, honnêtes et dignes en tout du pays où tout retentit du beau nom de liberté. Je comptais écrire à madame d'Ayen. Mais c'est impossible. Adieu, adieu, mon cœur. — De Charlestown, je me rendrai par terre à Philadelphie et à l'armée. N'est-il pas vrai que vous m'aimerez toujours? »

La nouveauté de toutes choses autour de lui, la chambre même, le lit entouré de moustiquaires, les domestiques noirs qui venaient lui demander ses ordres, la beauté et l'aspect étrange de la campagne, qu'il voyait de ses fenêtres et que couvrait une riche végétation, tout se réunissait pour produire sur La Fayette un effet magique et pour éveiller en lui des sensations inexprimables.

Jamais il ne fut un désillusionné, et, du commencement à la fin de sa vie, il resta profondément attaché à l'Amérique. A son arrivée, beaucoup d'aventuriers voulurent en vain se lier avec lui et lui inspirer leurs préventions. Sa parfaite droiture le garantit de toute intrigue. Son objectif était d'être admis le plus tôt possible, comme officier, par le congrès et d'être reçu par Washington.

Après s'être procuré des chevaux, il partit avec six officiers pour Philadelphie. Il fit ainsi près de neuf cents milles.

Les circonstances dans lesquelles se présentait La Fayette étaient peu favorables aux étrangers. Dégoûtés par la conduite de plusieurs aventuriers français, les Américains étaient révoltés des prétentions des impudents. La honte des premiers choix, les jalousies de l'armée, les préjugés nationaux, « tout servait à confondre le zèle avec l'intérêt, les talents avec le charlatanisme [1] ». La froideur du premier accueil que reçut La Fayette avait tout l'air d'un congé.

Dès son arrivée à Philadelphie, il avait remis les lettres de Franklin et de Deane à

---

1. Voir Sparks et les *Mémoires de ma main*, t. 1er.

M. Lowel, président du comité des affaires étrangères. Le lendemain, il se rendit au congrès. M. Lowel sortit et lui fit connaître qu'il n'y avait pas d'espoir que sa demande fût accueillie. Sans être déconcerté par le langage des députés qui vinrent ensuite lui parler, La Fayette les pria de rentrer dans la salle du congrès, et, soupçonnant que ses papiers n'avaient pas été lus, il écrivit le billet suivant, avec prière au speaker d'en donner lecture publiquement : « D'après mes sacrifices, j'ai le droit d'exiger deux grâces : l'une est de servir à mes dépens, l'autre est de commencer à servir comme volontaire. » Un style aussi nouveau réveilla l'attention ; on ouvrit les dépêches de Deane et de Franklin, et, le 31 juillet, le congrès des États-Unis prit une résolution conçue en ces termes :

« Attendu que le marquis de La Fayette, par suite de son grand zèle pour la cause de la liberté, dans laquelle les États-Unis sont engagés, a quitté sa famille et les siens et est venu à ses frais offrir ses services aux États-Unis sans réclamer ni traitement ni indemnité particulière, et qu'il a à cœur d'exposer sa vie pour notre cause ;

» Résolu : que ses services sont acceptés, et que, en considération de son zèle, de l'illustration de sa famille et de ses alliances, il aura le rang et la commission de major-général dans l'armée des États-Unis. »

Il lui restait à voir Washington. Les combinaisons militaires avaient contraint le général à se rapprocher du siège du gouvernement : l'armée anglaise, forte de dix-huit mille hommes environ, avait fait voile de New-York ; les deux Howe s'étaient réunis pour une opération secrète, tandis que Clinton, resté à New-York, y préparait de son côté une attaque. Toutes les forces britanniques étaient donc en mouvement. Pour parer tant de coups, Washington, laissant Putnam, son lieutenant, sur la Rivière du Nord, avait passé le Delaware avec onze mille hommes et était venu camper à portée de Philadelphie.

La Fayette lui fut pour la première fois présenté à un dîner où assistaient plusieurs membres du congrès. Au moment où l'on allait se séparer, Washington prit La Fayette à part, lui témoigna beaucoup de bienveillance, le complimenta sur son zèle et sur ses sacrifices, et l'invita à regarder le quartier général comme sa maison. Il ajouta, en souriant, qu'il ne lui promettait pas le luxe d'une cour; mais que, devenu soldat américain, il se soumettrait, sans nul doute, de bonne grâce aux mœurs et aux privations de l'armée d'une république [1].

Le lendemain, Washington fit l'inspection des forts du Delaware et invita La Fayette à l'accompagner. Il resta auprès de lui jusqu'à ce qu'il eût le commandement d'une division. La cour de France, dont l'embarras, feint ou réel, était grand, avait exigé que les envoyés

---

1. Voir *Fragments extraits de divers manuscrits*, t. Ier.

américains à Paris écrivissent en Amérique
pour empêcher que La Fayette ne fût employé
dans leur armée. Ils ne pressèrent pas l'envoi
de cette lettre, et, quand on en eut connaissance, la popularité du jeune Français, comme
on l'appelait, était déjà trop grande pour que
cette missive pût produire aucun effet. Il n'est
donc aucun genre d'obstacles qui, dès les premiers temps, n'ait été bravé et surmonté par
La Fayette pour embrasser et servir la cause
américaine.

Cette cause semblait alors très compromise.
Les onze mille hommes réunis autour de Philadelphie offraient un spectacle singulier. Médiocrement armés, plus mal vêtus encore, leurs
meilleurs vêtements étaient des chemises de
chasse, larges vestes de toile grise usitées en
Caroline. Quant à la tactique, elle n'existait
pas. Malgré ces désavantages, c'étaient de solides
soldats, conduits par des officiers zélés. La
vertu tenait lieu de science militaire, et chaque
jour ajoutait à l'expérience et à la discipline.
Stirling, plus brave que judicieux, un autre

général, quoique souvent ivre, Greene, dont les talents n'étaient encore connus que de ses amis, commandaient en qualité de majors généraux. L'artillerie était sous les ordres du général Knox, qui de libraire s'était fait artilleur : « Nous devons être embarrassés, dit le général Washington, de nous montrer à un officier qui quitte les troupes françaises. — C'est pour apprendre et non pour enseigner que je suis ici, » répondit La Fayette, et ce ton modeste réussit, parce qu'il n'était pas commun aux Européens.

Jusqu'alors les Américains avaient eu à livrer des combats et non des batailles. Au lieu de harasser une armée, disputer des gorges, il fallut protéger une capitale ouverte, manœuvrer en plaine, près d'un ennemi habile. S'il eût écouté les avis de l'opinion publique, Washington aurait enfermé dans Philadelphie et son armée et les destinées américaines; mais, en évitant cette folie, il fallait qu'une bataille dédommageât la nation. C'est alors qu'eut lieu, à vingt-six milles de Philadelphie, la bataille de Brandywine. La division centrale, que commandaient les généraux Sullivan et Stirling, et où combattait La Fayette, fut débordée par les troupes du commandant de l'armée anglaise, lord Cornwallis. La confusion devint extrême, et c'est en ralliant ses soldats que La Fayette eut la jambe traversée d'une balle. Il dut à Gimat, son aide de camp, de pouvoir remonter à cheval. Washington arrivait de loin avec des troupes fraîches; La Fayette allait le joindre, lorsque la perte de son sang l'arrêta; on dut bander sa blessure. Il faillit encore être fait prisonnier. A Chester, à douze milles du champ de bataille, on trouva un pont qu'il fallait passer. La Fayette s'occupa d'y retenir les fuyards. Un peu d'ordre se rétablit; les généraux et le commandant en chef arrivèrent, et le jeune blessé eut le loisir de se faire soigner. Transporté par eau à Philadelphie, il donna de ses nouvelles à madame de La Fayette dans cette lettre sans fanfaronnades et pleine de tendresse :

« Ce 12 septembre, je vous écris deux mots,

mon cher cœur, par des officiers français de mes amis qui étaient venus avec moi, et qui, n'ayant pas été placés, s'en retournent en France. Je commence par vous dire que nous nous sommes battus hier tout de bon, et nous n'avons pas été les plus forts. Nos Américains, après avoir tenu ferme pendant assez longtemps, ont fini par être mis en déroute ; en tâchant de les rallier, MM. les Anglais m'ont gratifié d'un coup de fusil qui m'a un peu blessé à la jambe ; mais cela n'est rien, mon cher cœur, la balle n'a touché ni os ni nerf, et j'en suis quitte pour être couché sur le dos pour quelque temps, ce qui me met de fort mauvaise humeur. J'espère, mon cher cœur, que vous ne serez pas inquiète. C'est au contraire une raison de l'être moins, parce que me voilà hors de combat pour quelque temps. Cette affaire aura, je crains, de bien fâcheuses suites pour l'Amérique. Il faudra tâcher de la réparer, si nous pouvons.

» Vous devez avoir reçu bien des lettres de moi, à moins que les Anglais n'en veuillent à mes épîtres autant qu'à mes jambes. Je n'en ai encore reçu qu'une de vous, et je soupire après des nouvelles.

» Adieu, on me défend d'écrire plus longtemps. Depuis plusieurs jours, je n'ai pas eu *celui* de dormir. La nuit dernière a été employée à notre retraite et à mon voyage ici, où je suis fort bien soigné. Faites savoir à mes amis que je me porte bien. Mille tendres respects à madame d'Ayen, à la vicomtesse (de Noailles) et à mes sœurs. Ces officiers partiront bientôt. Ils vous verront; qu'ils sont heureux!

» Bonsoir, mon cher cœur, je vous aime plus que jamais. »

Cependant le bruit de la mort de La Fayette s'était répandu à Paris. La duchesse d'Ayen put dérober à sa fille cette nouvelle émotion. Elle venait en effet de mettre au monde son second enfant, Anastasie, celle qui fut la comtesse de Latour-Maubourg, et sa santé était fort ébranlée. Pour l'éloigner de toutes les fausses nouvelles, madame d'Ayen conduisit madame de La Fayette chez M. d'Aguesseau, en Bourgogne, et de là chez la comtesse Auguste de La Marck, à Raismes[1].

Une autre lettre de son mari (1ᵉʳ octobre) vint la rassurer. Le congrès avait quitté Philadelphie pour se rassembler derrière la Susquehannah. Lord Cornwallis allait entrer dans la capitale. Un bateau porta La Fayette à Bristol. De là, il fut conduit à Bethléem, chez les frères Moraves. C'est de cet asile de paix qu'il avait écrit à sa femme. Toutes ces lettres font aimer l'homme, toutes sont intéressantes :

« Je vous ai écrit, mon cher cœur, le 12 septembre, c'est que le 12 est le lendemain du 11, et pour ce 11 là, j'ai une petite histoire à vous raconter. A la voir du beau côté, je pourrais vous dire que des réflexions sages m'ont engagé à rester plusieurs semaines dans mon lit à l'abri du danger. Mais il faut vous avouer que j'y ai été invité par une lé-

---

1. *Vie de la duchesse d'Ayen*, p. 60.

gère blessure que j'ai attrapée je ne sais comment. C'était la première affaire où je me trouvais; ainsi voyez comme elles sont rares. C'est la dernière de la campagne, du moins la dernière grande bataille, suivant toute apparence, et s'il y avait quelque autre chose, vous voyez bien que je n'y serais pas. En conséquence, mon cher cœur, vous pouvez être bien tranquille. J'ai du plaisir à vous rassurer, en vous disant de ne pas craindre pour moi, je me dis à moi-même que vous m'aimez, et cette petite conversation avec mon cœur lui plaît fort, car il vous aime plus tendrement qu'il n'a jamais fait.

» Je n'eus rien de plus pressé que de vous écrire le lendemain de cette affaire. Je vous disais bien que ce n'est rien, et j'avais raison! Tout ce que je crains, c'est que vous n'ayez pas reçu ma lettre...

» Mais parlons donc de cette blessure, elle passe dans les chairs, ne touche ni os ni nerfs. Les chirurgiens sont étonnés de la promptitude avec laquelle elle guérit. Ils tombent en extase toutes les fois qu'ils me pansent et prétendent que c'est la plus belle chose du monde...

» Voilà, mon cher cœur, l'histoire de ce que j'appelle pompeusement ma blessure pour me donner des airs et me rendre intéressant.

» A présent, comme femme d'un officier général américain, il faut que je vous fasse votre leçon. On vous dira : « Ils ont été bat-
» tus. » Vous répondrez : — C'est vrai; mais
» entre deux armées égales en nombre et en
» plaine, de vieux soldats ont toujours de
» l'avantage sur des neufs; d'ailleurs, ils ont
» eu le plaisir de tuer beaucoup, mais beau-
» coup plus de monde aux ennemis qu'ils
» n'en ont perdu. » Après cela, on ajoutera :
— C'est fort bien, mais Philadelphie est prise,
» la capitale de l'Amérique, le boulevard de
» la liberté! » Vous repartirez poliment :
— Vous êtes des imbéciles. Philadelphie est
» une triste ville, ouverte de tous côtés, dont
» le port était déjà fermé, que la résidence du
» congrès a rendu fameuse, je ne sais pour-

» quoi. Voilà ce que c'est que cette fameuse
» ville, laquelle, par parenthèse, nous leur
» ferons bien rendre tôt ou tard. » S'ils continuent à vous pousser de questions, vous les enverrez promener en termes que vous dira le vicomte de Noailles, parce que je ne veux pas perdre le temps de vous écrire à vous parler politique...

» Soyez tranquille sur le soin de ma blessure, tous les docteurs de l'Amérique sont en l'air pour moi. J'ai un ami qui leur a parlé de façon à ce que je sois bien soigné, c'est le général Washington. Cet homme respectable dont j'admirais les talents, les vertus, que je vénère à mesure que je le connais davantage, a bien voulu être mon ami intime...

» Tous les étrangers employés ici sont mécontents, se plaignent, sont détestants et détestés. Moi, je ne comprends pas comment ils y sont si haïs. Pour ma part, moi qui suis un bonhomme, je suis assez heureux pour être aimé par tout le monde!...

» Je suis à présent dans la solitude de

Bethléem dont l'abbé Raynal parle tant. Cet établissement est vraiment touchant et fort intéressant...

» Nous causerons de tout cela à mon retour, et je compte bien ennuyer les gens que j'aime, car vous savez que je suis un bavard. Soyez-le, je vous en prie, mon cher cœur, dans tout ce que vous direz pour moi à Henriette, ma pauvre petite Henriette! Embrassez-la mille fois! Parlez-lui de moi! Mais ne lui dites pas tout le mal que je mérite, ma punition sera de ne pas être reconnu par elle en arrivant. A-t-elle une sœur ou un frère? Le choix m'est égal, pourvu que j'aie une seconde fois le plaisir d'être père et que je l'apprenne bientôt. Si j'ai un fils, je lui dirai de bien connaître son cœur, et s'il a un cœur tendre, s'il a une femme qu'il aime, comme je vous aime, alors je l'avertirai de ne pas se livrer à un enthousiasme qui *l'éloigne de l'objet de son sentiment...*

» Mille tendresses à mes sœurs. Je leur permets de me mépriser comme un infâme déserteur, mais il faut qu'elles m'aiment en même temps. Mes respects à madame la comtesse Auguste et à madame de Fronsac. Si la lettre de mon grand-père ne lui parvient pas, présentez-lui mes tendres hommages. Adieu, mon cher cœur! Aimez-moi toujours! Je vous aime si tendrement.

« Faites mes compliments au docteur Franklin et à M. Deane. Je voulais leur écrire, mais le temps me manque. »

C'est ainsi que s'exprimait ce général de vingt ans, ayant de bonne heure le sentiment de la responsabilité, et se conduisant avec autant de tact que de discernement au milieu des difficultés de toute nature.

Condamné à l'inaction pendant plus de six semaines, il écrivait tantôt au gouverneur de la Martinique pour lui proposer, sous pavillon américain, un coup de main sur les îles anglaises, tantôt à M. de Maurepas, pour lui exposer un projet d'entreprise plus considérable dans l'Inde. Le vieux ministre, par des considérations de prudence, n'adopta pas cette idée; mais il en fit publiquement l'éloge. « Il finira quelque jour, disait-il de La Fayette, par démeubler Versailles pour le service de sa cause américaine; car lorsqu'il a mis quelque chose dans sa tête, il est impossible de lui résister. »

N'attendant pas que sa blessure fût fermée, La Fayette avait rejoint le quartier général. C'est là qu'il apprit la capitulation de Burgoyne à Saratoga. Réduit à cinq mille hommes, n'ayant pu parvenir à forcer ni à tourner les troupes de Gates, Burgoyne voulut trop tard se retirer; ses communications n'étaient plus libres. La convention qu'il signa eut en Europe un immense retentissement et contribua à faire cesser les irrésolutions de Maurepas. La Fayette s'empressa de célébrer les mérites de Gates, mais il le blâma de s'être rendu ensuite indépendant de Washington et d'avoir retenu les troupes qu'il devait lui renvoyer.

Pour effacer le mauvais effet de la journée de Saratoga, Cornwallis s'était empressé de se porter avec cinq mille hommes dans les Jerseys. Le général Greene en nombre égal lui fut opposé, et La Fayette accompagna Greene. Détaché pour une reconnaissance, il rencontra les ennemis à Gloucester en face de Philadelphie. N'ayant que trois cent cinquante hommes, la plupart miliciens, La Fayette attaqua brusquement un poste de quatre cents Hessois, Cornwallis accourut avec ses grenadiers : étant au milieu des bois, il crut avoir affaire au corps entier de Greene et se laissa repousser avec une perte d'une soixantaine d'hommes. Ce petit succès de Gloucester plut à l'armée et surtout aux milices.

Le congrès vota : « Qu'il lui serait extrêmement agréable de voir le marquis de La Fayette à la tête d'une division » Il quitta alors son état de volontaire et remplaça Stéphen dans le commandement des Virginiens [1].

Il fut obligé d'équiper ses soldats à ses frais. Jamais la situation des Américains ne fut si critique. Le papier-monnaie, contrefait par les Anglais, était discrédité. On craignait d'établir

1. *Journal du Congrès* du 1ᵉʳ décembre 1777 et *Mémoires de ma main*, p. 35.

des taxes. On pouvait encore moins les lever. Habits, shakos, chemises, tout manquait aux malheureux soldats. Les provisions de l'armée faisaient défaut des jours entiers, et la patiente vertu des officiers et de leurs hommes était un miracle, à chaque instant renouvelé. Plus la situation était critique, plus la discipline devint nécessaire. Dans ses surveillances de nuit, au milieu des neiges, La Fayette eut à faire casser quelques officiers négligents.

Il voulut être plus simple, plus frugal, plus austère qu'aucun autre. Élevé mollement, il changea tout à coup de vie, et son tempérament se plia aux privations comme aux fatigues. Pour surcroît de malheur pour les États-Unis, tout un parti était hostile à Washington. Très attaché au général en chef, La Fayette ne balança pas. Il repoussa les avances des ennemis de ce grand citoyen. Il le voyait souvent. « Je n'ai pas cherché cette place, disait-il à La Fayette; si je déplais au peuple, je m'en irai, mais jusque-là, je résisterai à l'intrigue. »

Il passait l'hiver près de lui, au camp de Valley-Forge, et le 6 janvier 1778, il écrivait à madame de La Fayette :

« Quelle date, mon cher cœur, et quel pays pour écrire au mois de janvier! C'est dans un camp, c'est au milieu des bois, c'est à quinze cents lieues de vous que je me vois enchaîné au milieu de l'hiver. Il n'y a pas encore bien longtemps que nous n'étions séparés des ennemis que par une petite rivière; à présent même, nous en sommes à sept lieues, et c'est là que l'armée américaine passera l'hiver sous de petites baraques qui ne sont guère plus gaies qu'un cachot... De bonne foi, mon cher cœur, croyez-vous qu'il ne faille pas de fortes raisons pour se déterminer à ce sacrifice? Tout me disait de partir, l'honneur m'a dit de rester et vraiment quand vous connaîtrez en détail les circonstances où je me trouve, où se trouve l'armée, mon ami qui la commande, toute la cause américaine, vous me pardonnerez, mon cher cœur, vous m'excuserez même,

et j'ose presque dire que vous m'approuverez...
Outre la raison que je vous ai dite, j'en ai
encore une autre que je ne voudrais pas raconter à tout le monde, parce que cela aurait
l'air de me donner une ridicule importance.
Ma présence est nécessaire dans ce moment-ci
à la cause américaine plus que vous ne le
pouvez penser : tant d'étrangers qu'on n'a pas
voulu employer, ou dont on n'a pas voulu
ensuite servir l'ambition, ont fait des cabales
puissantes. Ils ont essayé, par toute sorte de
pièges de me dégoûter de cette révolution et
de celui qui en est le chef ; ils ont répandu
tant qu'ils ont pu que je quittais le continent.
D'un autre côté, les Anglais l'ont dit hautement, je ne peux pas en conscience donner
raison à tout ce monde-là. Si je pars, beaucoup
de Français utiles ici suivront mon exemple.
Le général Washington serait vraiment malheureux si je lui parlais de partir. Sa confiance en moi est plus grande que je n'ose
l'avouer à cause de mon âge ; dans la place
qu'il occupe, on peut être environné de flatteurs

ou d'ennemis secrets ; il trouve en moi un ami sûr dans le sein duquel il peut épancher son cœur et qui lui dira toujours la vérité... D'ailleurs, après un petit succès dans le Jersey, le général, par le vœu unanime du congrès, m'a engagé à prendre une division dans l'armée et à la former à ma guise, autant que mes faibles moyens le pourraient permettre. Je ne devais pas répondre à ces marques de confiance en lui demandant ses commissions pour l'Europe. Voilà une partie des raisons que je vous confie sous le secret... Je vous ai écrit, il y a peu de jours, par le célèbre M. Adams. Il vous facilitera les occasions de me donner de vos nouvelles. Vous en aurez reçu auparavant que je vous envoyai dès que j'eus appris vos couches. Que cet événement m'a rendu heureux, mon cher cœur ! j'aime à vous en parler dans toutes mes lettres, parce que j'aime à m'en occuper à tous moments. Quel plaisir j'aurai à embrasser mes deux pauvres petites filles et à leur faire demander mon pardon à leur mère ! Vous ne me croyez pas assez insensible et en même temps assez ridicule pour que le sexe de notre nouvel enfant ait diminué en rien la joie de sa naissance. Notre caducité n'est pas au point de vous empêcher d'en avoir un autre sans miracle. Celui-là, il faudra absolument que ce soit un garçon. Au reste, si c'est pour le nom qu'il fallait être fâché, je déclare que j'ai formé le projet de vivre assez longtemps pour le porter bien des années moi-même avant d'être obligé d'en faire part à un autre. C'est à M. le maréchal de Noailles que je dois cette nouvelle. J'ai une vive impatience d'en recevoir de vous...

» Plusieurs officiers généraux font venir leurs femmes au camp. Je suis bien envieux, non de leurs femmes, mais du bonheur qu'ils ont d'être à portée de les voir. Le général Washington va se déterminer à envoyer chercher la sienne. Quant à MM. es Anglais, il leur est arrivé un renfort de trois cents demoiselles de New-York, et nous leur avons pris un vaisseau plein de chastes épouses d'officiers qui viennent rejoindre leurs maris. Elles avaient grand'peur qu'on ne voulût les garder pour l'armée américaine.

» Ne pensez-vous pas qu'après mon retour nous serons assez grands pour nous établir dans notre maison, y vivre heureux ensemble, y recevoir nos amis, y établir une douce liberté et lire les gazettes des pays étrangers sans avoir la curiosité d'aller voir nous-mêmes ce qui s'y passe? J'aime à faire des châteaux en France de bonheur et de plaisir. Vous y êtes toujours de moitié, mon cher cœur, et une fois que nous serons réunis, on ne pourra plus nous séparer et nous empêcher de goûter ensemble, et l'un par l'autre, la douceur d'aimer et la plus délicieuse et la plus tranquille félicité. Adieu, mon cher cœur, je voudrais bien que ce plan pût commencer dès aujourd'hui. Ne vous conviendra-t-il pas? Présentez mes plus tendres respects à madame d'Ayen; embrassez mille fois la vicomtesse et mes sœurs. Adieu! adieu! Aime-moi toujours et n'oublie pas un instant le malheureux exilé qui pense toujours à toi avec une nouvelle tendresse. »

On nous pardonnera d'avoir reproduit cette lettre un peu longue; nous n'avons pas résisté au désir de faire connaître chez La Fayette cette âme pleine d'amour contenu, de gaîté française, de santé morale et de bon sens. La maturité d'esprit est déjà complète dans ce jeune homme que les événements et l'élévation des sentiments transforment jour par jour.

Sa correspondance militaire avec Washington, dans cette année 1878, est remarquable de fermeté et de caractère et aussi de sagesse précoce.

Sa lettre à madame de La Fayette arrivait à propos : le premier fruit de leur union, cette petite Henriette tant aimée, mourait, et la santé de la mère donnait à madame d'Ayen de cruelles préoccupations.

Le 22 janvier, il fut résolu par le congrès qu'on entrerait dans le Canada; La Fayette fut choisi pour commander l'expédition. On voulait tenter son ambition. En effet, Washington reçut un pli du ministre de la guerre renfermant pour La Fayette un diplôme de commandant en chef, avec ordre d'aller à Albany recevoir les instructions du congrès. Washington le lui remit sans se permettre une réflexion. L'occasion était solennelle. La Fayette n'hésita pas : il déclara sur-le-champ aux commissaires du congrès qui se trouvaient en ce moment au camp : « Qu'il n'accepterait jamais aucun commandement indépendant du général et que le titre de son aide de camp lui paraissait préférable à tous ceux qu'on pourrait lui donner [1]. »

Il écrivit ensuite au président dans le même sens, ajoutant qu'il ne voulait être qu'un officier détaché par Washington; qu'il lui adresserait ses rapports, et que les lettres reçues par le bureau de la guerre ne seraient que des *duplicata*. Ces conditions, qui firent le plus grand honneur au caractère de La

---

[1]. Fragments de divers manuscrits. — Lettre du 10 mars 1778. — *Mémoires*, t. 1er.

Fayette, furent acceptées. Quant à l'expédition du Canada, entreprise en plein hiver, sans vivres, sans magasins, sans traîneaux, il eut la sagesse d'y renoncer. On fut inquiet à Georgetown, résidence momentanée du congrès, parce qu'on craignait que La Fayette ne se fût engagé sur les lacs dans la saison où les glaces commençaient à fondre. Les contre-ordres seraient arrivés trop tard, et il reçut pour sa clairvoyance des compliments tant du ministre de la guerre, le général Gates, que de Washington.

A son retour du camp, on lui confia la mission de faire prêter entre ses mains, dans toute la région des États-Unis du Nord, le serment solennel « de reconnaissance de l'indépendance et d'éternelle renonciation à George III, à ses successeurs et à tout roi d'Angleterre ». Peu de temps après, Siméon Deane apportait enfin le traité de commerce entre la France et les États-Unis d'Amérique.

C'était un grand événement. Le docteur Franklin, Silas Deane et John Adams, accompagnés de tous les Américains présents à Paris, avaient été présentés au roi et à la famille royale. Ils s'étaient rendus ensuite chez la jeune madame de La Fayette, qui se trouvait à Versailles, voulant par cet acte solennel témoigner combien ils se croyaient redevables à son mari de l'heureuse tournure que leurs affaires avaient prise[1].

La nouvelle du traité fit une grande sensation en Amérique et surtout à l'armée. La Fayette était, depuis quelques jours, revenu de son commandement du Nord au quartier général de Washington. En apprenant cette heureuse nouvelle de l'alliance française, il avait embrassé avec des larmes de joie son illustre ami. En notifiant le traité au cabinet britannique, les ministres de la cour de Versailles se servaient de cette expression :

« — Les Américains étant devenus indépendants par leur déclaration de tel jour. »

« — Voilà, dit en souriant La Fayette, un

1. *History of the American Revolution*, by doctor Ramsay. Philadelphie, 1789.

principe de souveraineté nationale qui leur sera rappelé un jour chez eux. »

La Révolution française et la part qu'il y a prise devaient vérifier cette prédiction. Il pouvait être fier, du reste, de ce résultat; il était pour beaucoup dans l'enthousiasme qui avait électrisé en France l'opinion publique, avait eu raison de la ténacité de Maurepas et encouragé l'esprit politique de M. de Vergennes. Le tort du gouvernement de Louis XVI avait été de ne pas prévoir assez la guerre, ou du moins de s'y préparer fort mal[1].

Le 2 mai 1778, l'armée américaine fit un feu de joie, et La Fayette, ceint d'une écharpe blanche, passa dans les rangs, accompagné de tous les Français. De leur côté, les troupes anglaises, prévoyant une coopération des nouveaux alliés des États-Unis, se préparèrent à abandonner Philadelphie.

1. *Mémoires de ma main*, p. 46.

IV

Une reconnaissance, destinée à l'assurer des desseins de l'armée anglaise, faillit coûter cher à La Fayette. Il s'était porté le 18 mai jusqu'à Barren-Hill, avec deux mille hommes choisis. Le général Howe qu'on allait rappeler à Londres, Clinton qui le remplaçait, combinèrent si bien leurs mouvements, que la capture de La Fayette parut certaine. Le commandant en chef avait déjà invité « les dames à souper avec le jeune Français ». L'amiral Howe, le frère du général, avait préparé une frégate pour conduire le « Boy », comme on disait, en Angleterre. S'il n'avait, en effet, manœuvré mieux que les Anglais, la petite armée était perdue. On tira le canon d'alarme. Washington fut dans une inquiétude d'autant plus vive que les troupes confiées à La Fayette étaient une élite. Mais ce dernier prit son parti sur-le-champ : il fit de feintes attaques en montrant des têtes de colonne, et pendant que les généraux anglais s'arrêtaient pour le recevoir, il faisait filer son détachement par le gué de Matson. Il le passa en présence des ennemis et sans perdre un seul homme. Deux lignes anglaises se rencontrèrent et furent au moment de s'attaquer ; il n'y avait plus rien entre elles. Les Américains étaient déjà de l'autre côté du Schuylkill.

Cependant, le 17 juin, Philadelphie avait été évacuée et l'armée anglaise sur deux colonnes se dirigeait vers New-York. L'indigne conduite du général Lee avait compromis la journée de Monmouth. La Fayette, avec deux bataillons formés par Washington lui-même, arrêta l'ennemi. L'affaire, mal préparée, fut bien finie : jamais Washington n'avait été aussi grand à la guerre que dans cette action. Sa présence avait fait cesser la retraite, et ses dispositions fixé la victoire. Lee, suspendu de ses fonctions par un conseil de guerre, quitta le service, et l'armée américaine marcha vers White-Plain, la seconde ligne, sous les ordres de La Fayette, formant la colonne de droite. On avait atteint Brunswick, après avoir célébré la fête de l'indépendance, le 4 juillet, lorsqu'on apprit l'arrivée de l'amiral d'Estaing et de l'escadre française devant New-York.

Une lettre de La Fayette au duc d'Ayen du 11 septembre 1778, et un extrait de l'histoire du docteur Gordon et de celle de Ramsay, annexé aux *Mémoires de ma main*, rendent un compte détaillé de l'entrée de d'Estaing dans le Delaware et de l'expédition contre Rhode-Island. La Fayette y conduisit deux mille hommes de troupes continentales. Il fit cette route de deux cent quarante milles très lestement, et arriva avant que le reste de l'armée, aux ordres de Sullivan, fût prêt. Son cœur battait de pouvoir coopérer à une action avec la marine française. Se rendant à l'escadre, il y fut comblé d'honnêtetés, surtout par l'amiral, dont il admirait les rares qualités, l'activité infatigable, jointe à beaucoup d'esprit. Comme le bailli de Suffren était placé en avant de la flotte, La Fayette lui apporta l'ordre du comte d'Estaing d'attaquer trois frégates anglaises, qui furent brûlées.

Les plus grandes espérances étaient fondées sur la coopération de la flotte française. Le 8 août, l'armée américaine s'était portée à Howland's-Ferry, tandis que notre escadre forçait le passage entre Rhode-Island et Connecticut. La droite, composée de cinq mille miliciens et mille continentaux, était commandée par La Fayette. La nuit du 8 au 9, les Anglais évacuèrent le nord de l'île et se renfermèrent dans les fortifications de Newport. « Le soir de notre arrivée [1], la flotte anglaise parut devant la passe avec tous les vaisseaux que lord Howe avait pu ramasser et quatre

---

1. Voir lettre au duc d'Ayen.

mille hommes de renfort. Heureusement que le lendemain matin le vent du nord souffla, et la flotte française, passant fièrement sous le feu le plus vif des batteries, auxquelles elle répondit de ses bordées, alla accepter la bataille que lord Howe avait l'air de lui proposer. L'amiral anglais coupa sur-le-champ ses câbles et s'enfuit à toutes voiles, poursuivi vivement par tous nos vaisseaux, l'amiral en tête. Ce spectacle se donnait par le plus beau temps du monde, à la vue des armées anglaise et américaine. Je n'ai j'amais été si fier que ce jour-là. C'est le lendemain, — au moment que la victoire allait se compléter, que les canons du *Languedoc* portaient sur la flotte anglaise, — qu'un coup de vent, suivi d'un orage affreux, sépara et dispersa les vaisseaux français. Le *Languedoc* et le *Marseillais* furent démâtés, le *César* perdu pour quelque temps ; il n'y avait plus moyen de retrouver la flotte anglaise. M. d'Estaing revint à Rhode Island, y resta deux jours, en cas que le général Sullivan voulût se retirer, et puis relâcha à Boston. »

C'est ce départ précipité pour Boston qui faillit tout compromettre [1]. L'affliction, l'indignation furent générales. La perte des espérances, l'embarras de la position, tout irritait les milices, dont le mécontentement fut contagieux. Déjà le peuple, à Boston, parlait de refuser son port ; les généraux rédigèrent une protestation que La Fayette refusa de signer. Emporté par la passion, Sullivan mit à l'ordre de l'armée « que nos alliés nous avaient abandonnés ». La Fayette se rendit chez Sullivan et exigea que l'ordre du matin fût rétracté dans celui du soir. Plutôt que de suivre le torrent de l'opinion, il risqua sa popularité.

Séquestré dans son quartier, il ne paraissait qu'à la tranchée et aux conseils de guerre et ne souffrait pas une critique contre l'escadre. Espérant encore les secours de d'Estaing, les généraux américains décidèrent une retraite au nord de l'île, et La Fayette fut prié d'aller

1. *Mémoires de ma main*, p. 57.

trouver l'amiral. Après une marche forcée toute la nuit, il arriva au moment où d'Estaing entrait à Boston. Dans une conférence, l'illustre marin lui démontra l'insuffisance de ses forces navales et justifia sa conduite.

Apprenant le lendemain que les deux armées ennemies se touchaient et que le général anglais Clinton était arrivé avec un renfort, La Fayette repartit pour Howland's-Ferry, en faisant près de quatre-vingts milles en moins de trente heures. Il réussit à tirer de l'île un millier d'hommes sans perdre une sentinelle, et le 13 septembre 1778, le président Laurens lui envoyait cette résolution du Congrès :

« Le président est chargé d'écrire au marquis de La Fayette, que le Congrès a jugé que le sacrifice qu'il a fait de ses sentiments personnels, lorsque pour l'intérêt des États-Unis il s'est rendu à Boston, dans le moment où l'occasion d'acquérir la gloire sur le champ de bataille pouvait se présenter ; son zèle militaire en retournant à Rhode-Island, lorsque la plus grande partie de l'armée l'avait déjà quittée, et ses mesures pour assurer la retraite, ont droit au présent témoignage de l'approbation du Congrès. »

Ce général de vingt ans, déjà si assagi, montra une fois de plus par un trait de bravoure chevaleresque qu'il ne s'était pas désaccoutumé des habitudes et des mœurs des jeunes paladins français.

Dans une lettre publique signée par lord Carlisle, l'un des commissaires envoyés de Londres pour une tentative de conciliation [1], la nation française était taxée *d'une perfidie trop reconnue pour avoir besoin d'une nouvelle preuve.* Avec l'effervescence de la jeunesse et du patriotisme, La Fayette lui écrivit qu'il ne daignait pas réfuter cette phrase insultante, mais qu'il désirait la punir. Il le provoquait donc. Carlisle refusa le cartel. Washington n'approuva pas la conduite du marquis; La

---

1. Voir *Correspondance*, t. I*er*, p. 236 et 238.

Fayette lui-même écrivait du reste vingt ans après : « Lord Carlisle eut raison ; ce défi ne laissa pas d'exciter contre la commission et son président des plaisanteries qui, bien ou mal fondées, ont toujours quelque inconvénient pour ceux qui en sont l'objet. »

Il adressa une dernière lettre à madame de La Fayette avant de solliciter un congé du Congrès et d'apporter son épée à la France, en guerre avec l'Angleterre.

« Je me flattais, disait-il, que la déclaration de guerre me mènerait sur-le-champ en France. Indépendamment de tous les liens de cœur qui m'attirent vers les personnes que j'aime, l'amour de ma patrie et l'envie de la servir étaient des motifs puissants. Je craignais même que les gens qui ne me connaissent pas pussent imaginer qu'une ambition de grades, un amour pour le commandement que j'ai ici, et la confiance dont on m'honore, m'engageraient à y rester quelque temps de plus. J'avoue que je trouvais de la satisfaction à faire ces sacrifices à mon pays et à tout quitter sur-le-champ pour voler à son service... Vous allez apprendre ce qui m'a retardé, et j'ose dire que vous approuverez ma conduite.

» La nouvelle de la guerre a été portée par une flotte française qui venait coopérer avec les troupes américaines; on allait commencer de nouvelles opérations; on était au milieu d'une campagne. Ce n'était pas le moment de quitter l'armée. D'ailleurs, on m'assurait de bonne part qu'il n'y aurait rien cette année en France... Je risquais, au contraire, d'être tout l'automne sur un vaisseau, et, avec le désir de me battre partout, de ne me battre nulle part. Ici, j'étais flatté de voir des entreprises faites de concert avec M. d'Estaing, et les personnes chargées des intérêts de la France, comme lui, m'ont dit que mon départ était contraire et mon séjour utile au service de ma patrie. Il m'a fallu sacrifier des espérances charmantes, reculer la réalisation des plus agréables idées. Enfin, mon cher cœur, le moment heureux approche où je vais vous rejoindre, et l'hiver prochain me verra heureusement réuni à tout ce que j'aime... Je vous prie, mon cher cœur, de présenter mes plus tendres respects à M. le maréchal de Noailles. Il a dû recevoir les arbres que je lui ai envoyés... Embrassez mille et mille fois mes sœurs... Que vous écrirai-je, mon cher cœur? Quelles expressions ma tendresse pourra-t-elle trouver pour ce qu'il faudra dire à notre chère Anastasie? Vous les trouverez bien mieux dans votre cœur. Couvrez-la de baisers, apprenez-lui à m'aimer en vous aimant... Cette pauvre petite enfant doit me tenir lieu de tout. Elle a deux places à occuper dans mon cœur. C'est une grande charge que notre malheur lui a imposée : mais mon cœur me dit qu'elle la remplira autant qu'il lui est possible. Je l'aime à la folie...

» Adieu, mon cher cœur! Quand me sera-t-il permis de te revoir, pour ne plus te quitter, de faire ton bonheur comme tu fais le mien, de demander mon pardon à tes genoux! Adieu, adieu! Nous ne sommes plus séparés pour longtemps. »

Il disait vrai. Washington, dans une lettre du 25 septembre, écrivait à La Fayette :

« Si vous avez conçu la pensée, mon cher marquis, de faire cet hiver une visite à votre cour, à votre femme, à vos amis, et que vous hésitiez dans la crainte de manquer une expédition dans le Canada, l'amitié m'engage à vous avertir que je ne crois pas la chose assez probable pour déranger vos projets. Il faudrait bien des circonstances et des événements pour rendre cette invasion praticable et raisonnable [1]. »

Cette pensée d'arracher le Canada aux Anglais et de le rendre à la France hantait toujours le cerveau et le cœur de La Fayette.

C'est en partie pour entretenir de ce plan Washington, et plus tard le cabinet de Versailles, qu'il insistait pour avoir une confé-

---

1. Voir *Correspondance de La Fayette*, t. Ier, p. 238.

rence avec le général en chef et pour retourner en France avant l'hiver. Il lui envoya même un de ses aides de camp, M. de la Colombe, et il fut invité à s'expliquer sur ce projet devant un comité du Congrès [1].

Le plan fut adopté en principe, mais on décida que Washington serait préalablement consulté. Le général développa ses objections dans un message au Congrès et dans une lettre confidentielle au président Laurens (14 novembre 1778).

La décision définitive de l'assemblée se fit attendre. Ce ne fut que le 29 décembre qu'on la communiqua à La Fayette, avec une lettre du nouveau président, John Jay, chargé de lui exposer que la difficulté de l'exécution, le manque d'hommes et de matériel, et surtout l'épuisement des finances, ne permettraient pas de donner suite au projet; que si, cependant, le cabinet de Versailles en

---

[1]. *Vie de Washington*, par Marshall, t. III, et *Correspondance de Washington*, t. VI.

prenait l'initiative, les États-Unis feraient tous leurs efforts pour seconder les troupes françaises.

Pendant ces négociations, et dès le 13 octobre, La Fayette demandait, avec l'assentiment de Washington, la permission d'aller en France.

Il expliquait dans sa lettre : qu'aussi longtemps qu'il avait pu disposer de lui-même, il avait mis son bonheur et son orgueil à combattre sous les drapeaux américains ; mais que, la France étant engagée dans une guerre, il était pressé, par un sentiment de devoir et de patriotisme, de se présenter devant le roi et de savoir de lui comment il jugeait à propos d'employer ses services. Il se regardait comme un soldat en congé qui souhaitait ardemment rejoindre ses drapeaux et ses chers compagnons d'armes.

A la réception de cette demande, le Congrès, qui était rentré à Philadelphie, prit deux résolutions qui sont trop importantes pour que nous ne les citions pas en entier. C'est le plus grand honneur d'un homme de mériter d'une nation libre de tels témoignages d'estime :

« 21 octobre 1778.

Résolu : Qu'il est accordé au marquis de La Fayette, major général au service des États-Unis, une permission d'aller en France, avec la liberté de fixer l'époque de son retour ; — que le président offrira au marquis de La Fayette les remerciements du Congrès pour le zèle désintéressé qui l'a conduit en Amérique, les services qu'il a rendus aux États-Unis par son courage et ses talents dans beaucoup d'occasions importantes ; — que le ministre plénipotentiaire des États-Unis à la cour de Versailles sera chargé d'offrir en leur nom, au marquis de La Fayette, une épée de prix, ornée d'emblèmes convenables. »

Le 22 octobre, le lendemain, le Congrès prend cette autre résolution : « Qu'il sera écrit au roi de France la lettre suivante pour recommander le marquis de La Fayette :

*A notre grand, fidèle et cher allié et ami Louis XVI,
roi de France et de Navarre :*

« Le marquis de La Fayette ayant obtenu notre permission de retourner dans sa patrie, nous ne pouvons le laisser partir sans lui témoigner les profonds sentiments que nous inspirent son zèle, son courage et son dévoûment. Nous l'avons élevé au rang de major général dans nos armées, avancement manifestement mérité par sa prudente et courageuse conduite. Nous recommandons ce noble jeune homme à l'attention de Votre Majesté, parce que nous l'avons vu sage dans le conseil, brave sur le champ de bataille, patient au milieu des fatigues de la guerre. Le dévoûment à son souverain a toujours dirigé sa conduite, conforme à tous les devoirs d'un Américain, et c'est ainsi qu'il a acquis la confiance des États-Unis, vos bons et fidèles amis et alliés, et l'affection de leurs citoyens. Nous prions Dieu de tenir Votre Majesté dans sa sainte garde.

» Fait à Philadelphie, par le Congrès des États-Unis de l'Amérique du Nord, vos bons amis et alliés.

» HENRI LAURENS, *président.* »

En adressant à La Fayette la copie de ces deux résolutions qui recommandent son nom à l'histoire, le président ajoutait :

« Je prie Dieu de vous bénir et de vous protéger, monsieur, et de vous ramener en sûreté près de votre prince, au milieu de votre famille et de vos amis. »

Le plus beau bâtiment des États-Unis, l'*Alliance*, de trente-six canons, fut désigné pour le porter en Europe. Il recommença un voyage de quatre cents milles pour s'embarquer à Boston ; il espérait y prendre congé de l'amiral d'Estaing, dont l'amitié et le malheur le touchaient autant qu'il admirait son patriotique courage.

Échauffé par ses courses et ses fatigues, mais plus malade encore du chagrin conçu à Rhode-Island, La Fayette voyageait à cheval avec la fièvre, par une forte pluie d'automne A Feshkil, huit milles du quartier général, il fallut céder à la violence d'une maladie inflammatoire. Le bruit de sa mort prochaine affligea l'armée, où il était appelé *the soldier's friend*, l'ami du soldat, et la nation entière réunit ses vœux pour le rétablissement de la santé du *marquis*, nom sous lequel il était plus familièrement désigné.

A la première nouvelle de sa maladie, le directeur des hôpitaux, Cochrane, à qui Washington avait dit, lorsque La Fayette fut blessé à Brandywine : — « Soignez-le comme mon fils, car je l'aime de même, » — Cochrane, quitta tout pour lui. « Washington venait tous les jours savoir des nouvelles de son ami. Brûlé par la fièvre, La Fayette se sentait mourir. Heureusement, la nature ajouta, aux soins assidus du docteur Cochrane, une hémorragie aussi effrayante que salutaire. Il fut

sauvé, et Washington et lui purent se dire
« un adieu bien tendre et bien pénible. »
L'équipage de l'*Alliance* était incomplet. Le
gouvernement offrit ce qu'on appelait une
presse de matelots. Mais ce moyen déplut à
La Fayette, et l'on prit pour compléter l'équipage des déserteurs anglais et des volontaires.
Ce choix faillit lui coûter cher, car il devait
miraculeusement échapper pendant la traversée à un complot qui aurait livré le navire
aux Anglais.

Le jeune major général de l'armée américaine s'embarquait pour la France, le 11 janvier 1779. Il était porteur d'une lettre dans
laquelle Washington disait à Benjamin Franklin, ministre d'Amérique :

« Lorsque le marquis de La Fayette
arrive avec tant de titres à votre estime, il
serait inutile, si ce n'était pour satisfaire mes
propres sentiments, d'ajouter que j'ai pour lui
une amitié très particulière. »

Il était à l'âge où l'on est heureux ! Il accomplissait donc sans encombre ce premier voyage, et il entrait dans le port de Brest, le 20 février.

V

Parti de France en rebelle et en fugitif, La Fayette y rentrait acclamé et triomphant. A peine se donna-t-on le temps de punir par huit jours d'arrêts sa désobéissance, encore ne fut-ce qu'après lui avoir permis de causer avec M. de Maurepas. Le prince de Poix lui avait fait connaître tous les ministres.

Ce fut l'enceinte de l'hôtel de Noailles qui tint lieu de Bastille à La Fayette. Quelques jours après, il écrivit à Louis XVI pour lui avouer « son heureuse faute, » et il reçut la permission d'aller recevoir à Versailles une « douce réprimande ». — « En me rendant la liberté, on me conseilla d'éviter les lieux où le public pourrait consacrer ma désobéissance. » Ce fut surtout parmi les femmes de la cour que son succès fut grand. « Toutes l'embrassaient. » — Et Marie-Antoinette elle-même, entraînée un instant par le tourbillon, lui faisait donner le régiment du roi-dragons.

L'ivresse de madame de La Fayette fut au delà de toute expression. Son bonheur fut bientôt troublé par des alarmes. Elle ne put jouir longtemps en paix du bien qu'elle avait retrouvé. Le séjour de son mari à Paris fut toujours employé à préparer de nouvelles entreprises. Par la force des choses, il se trouvait, en effet, le lien entre les États-Unis et la France, il avait la confiance des deux pays. Sa faveur dans les salons était encore plus grande qu'à la cour. Il l'employait à servir la cause des Américains, à détruire la mauvaise impression qu'on cherchait à répandre contre eux [1].

1. *Mémoires de ma main;* — *Vie de madame de La Fayette; Mémoires historiques de La Fayette* et le tome IV de *l'Histoire de la participation de la France à L'indépendance des États-Unis,* par M. Doniol. (Annexes, archives des affaires étrangères.)

Les correspondants du parti anglais à l'étranger imprimaient, dans les gazettes à la solde de la Grande-Bretagne, que Louis XVI abandonnait les rebelles et rappelait La Fayette. Il fit alors publier les résolutions du Congrès à son sujet, les lettres officielles écrites par le président Laurens et par Washington au gouvernement français et au docteur Franklin. Il avait donc pris pied. Après quelques conversations, il s'était convaincu que le ministère, craignant une trop grande extension des États-Unis, se refuserait à toute entreprise sur le Canada. Comme M. Necker redoutait toute entreprise qui pouvait augmenter les dépenses, La Fayette avait essayé d'organiser une expédition, à la tête de laquelle il comptait placer Paul Jones. Le célèbre corsaire aurait transporté, sous pavillon américain, un corps de troupes sur les côtes d'Angleterre, pour y lever des contributions destinées à fournir aux États-Unis l'argent qu'on ne pouvait tirer du trésor en France. Cette idée fut bientôt abandonnée. La Fayette lui en substitua une autre. Grâce aux encouragements de l'ambassadeur de Suède, il songea à faire prêter aux Américains quatre vaisseaux de ligne suédois avec la moitié de leur équipage, la France répondant du loyer ; mais le plus sérieux de tous ces projets fut une tentative de descente en Angleterre. Le grade d'aide maréchal général des logis eût été attribué au jeune marquis. On réservait à son audace, mêlée de prudence, le soulèvement de l'Irlande.

Il s'était rendu à Saint-Jean-d'Angély, où se trouvaient, avec le roi-dragons qu'il commandait, quelques régiments d'infanterie, momentanément sous ses ordres. Il était avide d'action[1]. Il apprend que le lieutenant général comte de Vaux est désigné pour commander les troupes destinées à l'expédition. Aussitôt, il écrit à M. de Vergennes (août 1779) :

« Ce qui me convient est une avant-garde de grenadiers et de chasseurs et un détachement

1. Lettre à M. de Vergennes, p. 293, t. Ier, *Mémoires* ; — lettre à Washington, 12 juin 1779.

de dragons du roi, le tout faisant quinze cents à deux mille hommes qui me mettent hors de la ligne et à portée de m'exercer. D'ailleurs, je connais les Anglais et ils me connaissent aussi, deux choses importantes à la guerre... Je ne suis point de la cour. Je suis encore moins courtisan, et je prie le ministre du roi de me regarder comme sortant d'un corps de garde. »

Et dans une autre lettre au même :

« Vous me trouverez peut-être bien ardent, mais puisque vous voulez bien être mon ami, songez que j'aime avec passion le métier de la guerre, que je me crois particulièrement né pour ce jeu-là, que j'ai été gâté pendant deux ans par l'habitude d'avoir de grands commandements et d'obtenir une grande confiance ! Songez que j'ai besoin de justifier les bontés dont ma patrie m'a comblé. Songez que je l'adore, cette patrie et que l'idée de voir l'Angleterre humiliée, écrasée, me fait tressaillir de joie. Songez que je suis particulièrement honoré de l'estime de mes concitoyens et de la haine de nos ennemis. Après tout cela, monsieur le comte (je ne vous le dirais pas comme ministre du roi), jugez si je dois être impatient de savoir si je suis destiné à arriver le premier sur cette côte et à planter le premier drapeau français au milieu de cette insolente nation. »

On sent déjà dans ces lignes courir cette flamme qui devait, douze ans plus tard, échauffer dans leurs audacieux faits d'armes nos généraux de vingt-cinq ans, prodigues de leur sang et sauvant la patrie à force d'audace, de désintéressement et d'amour. La Fayette était de leur race. Aussi, s'indigne-t-il à la pensée d'une trêve :

« Je ne crois pas à la nouvelle telle qu'on me la mande. Pour Dieu ! battons-les une bonne fois, ayons la force de vouloir être craints, et nous penserons alors à une paix qui deviendra honorable. »

Enfin, dans une dernière lettre au même M. de Vergennes, lettre datée du Havre, son patriotisme fait explosion :

« Me voici au Havre, monsieur le comte, en face du port et dominant surtout les vaisseaux qui nous conduiront en Angleterre. Jugez si je suis content de ma position et si mon cœur appelle les vents du sud qui nous amèneront l'amiral d'Orvilliers ! Je ne puis être tranquille que sur la côte anglaise, et nous n'y sommes pas encore. »

Deux mois se passèrent ainsi à regarder s'ils arrivaient, ces vaisseaux qui devaient porter nos soldats en Angleterre. On dut bientôt perdre toute confiance en cette entreprise. Le projet d'invasion tombait à l'eau ; celui d'envoyer des troupes en Amérique était accepté et subsistait seul. Notre amour-propre y était du reste engagé. L'escadre française avait été impuissante à enlever Savannah aux Anglais (septembre 1779). Les Américains avaient laissé passer, sans se soucier d'y mettre obstacle, les troupes qui venaient appuyer l'assiégé. L'amiral d'Estaing avait été obligé de reprendre la mer, sans tenter le sort d'un nouveau combat. Il nous en avait coûté sept cents hommes, tués ou blessés grièvement.

C'était La Fayette qui avait ramené M. de Vergennes au plan de porter des troupes en Amérique. Mais à Philadelphie, quand il fut pour la première fois question d'associer des régiments français aux troupes américaines, les susceptibilités s'éveillèrent. Des craintes de mauvais accueil se manifestèrent dans l'entourage de Washington. Déjà La Fayette dans une lettre importante à M. de Vergennes, du 18 février 1779, avait écrit :

« On dira sûrement que les Français seront mal reçus en Amérique et vus de mauvais œil dans son armée. Je ne peux pas nier que les Américains ne soient un peu difficiles à manier, surtout par des caractères français ; mais, si j'étais chargé de ce soin, ou que le commandant nommé par le roi s'y prît passablement bien, je répondrais sur ma tête d'éviter ces inconvénients et de faire parfaitement recevoir nos troupes. »

Une grande circonspection et une extrême bienveillance lui paraissaient donc nécessaires pour ménager l'amour-propre en éveil du pays de Washington. Toutefois, lorsque, le 17 octobre, l'ordre de licenciement des troupes du comte de Vaux avait été transmis aux ports où elles avaient été rassemblées, La Fayette avait demandé que l'on y triât du moins trois mille hommes pour les jeter à propos en Amérique[1].

Attribuerait-on le commandement au jeune major général des logis? Ne ferait-on pas plutôt de lui l'introducteur du corps auxiliaire et ne l'enverrait-on pas à cette fin, reprendre simplement le commandement d'une division

---

1. Voir Doniol, *Histoire de la participation de la France à l'indépendance des États-Unis*, Annexes, t. IV, p. 276, — et *Correspondance de La Fayette*, t. 1ᵉʳ, p. 328.

américaine? Une lettre qu'il écrivit le 2 février 1780 à M. de Vergennes, devenu son ami, contient les bases du plan qui fut définitivement adopté. Certes, à beaucoup de points de vue, il eût voulu être à la tête d'une petite armée française :

« Si je commande, disait-il, vous pouvez agir en toute sécurité, parce que les Américains me connaissent trop pour que je puisse exciter de fausses inquiétudes. Je prends, si l'on veut, l'engagement de ne demander ni grade, ni titre et même de les refuser pour mettre à son aise le ministère. — Dans le second cas, celui où je reprendrais une division américaine, il faut d'abord prévenir en Amérique le mauvais effet que ferait l'arrivée d'un autre commandant. L'idée que je ne puis pas mener ce détachement est la dernière qui se présenterait là-bas. Je dirai donc que j'ai préféré une division américaine. Il faut que je sois dans le secret pour préparer les moyens et instruire le général Washington. Un secret que je ne saurais pas paraîtrait bien suspect à Philadelphie. »

Quelques jours avant, il avait écrit à M. de Maurepas, en soulignant ces mots : « C'est à la fin de février qu'il faudrait être prêt. »

Les convenances militaires ne permirent pas de placer à la tête du corps expéditionnaire un jeune général de vingt-deux ans, ayant, par nature, trop de confiance dans les témérités. Parmi les officiers supérieurs, à la tête des troupes destinées à une descente en Angleterre, Louis XVI choisit un officier général nouvellement promu, dont les qualités de tacticien avaient été appréciées durant la guerre de sept Ans et qui avait été désigné par le comte de Vaux pour commander son avantgarde. Il se nommait le comte de Rochambeau.

On décida de mettre sous ses ordres une petite armée dont La Fayette irait d'avance annoncer aux États-Unis l'arrivée. L'ordre était expédié, le 20 février 1780, à la frégate l'*Hermione* de le transporter à Boston.

Les rapports du commandant du navire au ministre de la marine font juger de la considération enthousiaste dont jouissait le jeune gendre de la maison de Noailles.

« J'aurai, dit le capitaine, pour M. le marquis de La Fayette, tous les égards et toutes les attentions non seulement que me prescrivent vos ordres, mais ceux que mon cœur me dicte pour un homme que ses actions m'ont inspiré le plus grand désir de connaître. Je regarde comme une faveur l'occasion de me trouver à portée de lui donner des marques de la grande estime que j'ai conçue pour lui [1]. »

La Fayette se trouvait donc mis au service des États-Unis et il était chargé de préparer les voies auprès de Washington et du Congrès pour que les troupes françaises que Louis XVI

---

1. Voir Doniol, t. IV, p. 280, archives de la marine, annexes.

mettait à la disposition de ses alliés fussent engagées dans une action efficace.

La nomination de Rochambeau ne fut rendue officielle que le 9 mars, et, dès le 11, La Fayette était embarqué sur l'*Hermione*. Il lui avait fallu une année d'efforts pour amener la détermination du gouvernement.

Madame de La Fayette, qu'il quittait une seconde fois, souffrait cruellement de pareilles secousses. Après une grossesse pénible, elle avait mis au monde, le 24 décembre 1779, un fils, George, dont Washington fut le parrain. Cette naissance avait comblé la famille de joie, et il fallait qu'un bonheur si court fût encore troublé. La douleur de la séparation avait été plus profonde dans le cœur de madame de La Fayette qu'au premier voyage. Son sentiment, comme le dit madame de Lasteyrie, s'était accru par ses inquiétudes et par le charme des moments passés près de son mari. Elle avait alors dix-neuf ans. Ses impressions étaient devenues plus fortes et plus intenses. Une confiance plus intime, plus soumise, avait associé son esprit plus mûr aux opinions et aux desseins de cet époux si adoré. Elle lui avait donné toute sa raison et tout son cœur. Elle était fière de lui. Ç'avait été pour elle une fête inoubliable, le jour où le petit-fils de Franklin, celui que Voltaire mourant avait béni au nom de Dieu et de la liberté, remit solennellement à La Fayette l'épée d'honneur que les États-Unis lui offraient à titre de reconnaissance nationale. Mais madame de La Fayette n'était pas faite pour les émotions de la gloire et pour les secousses de l'imagination. Le calme de la vie domestique et recueillie était son rêve. Elle ne put le réaliser que quelques années avant de s'éteindre, au milieu de privations qui lui pesaient si peu.

La Fayette emportait en Amérique de bonnes nouvelles. Son intervention n'avait pas eu seulement pour résultat de faire porter la force de la petite armée de Rochambeau de quatre mille hommes à six mille hommes ; grâce à lui, un prêt de six millions avait été mis à la disposition de Franklin pour des achats d'armes et de vêtements. Il était temps pour les Français d'agir [1].

Pendant que Florida-Blanca demandait notre intervention auprès du Congrès pour procurer à l'Espagne les avantages qu'elle souhaitait au sud des États-Unis, la situation s'y montrait sous les aspects les plus graves. Les suites de notre échec à Savannah avaient été funestes. Lord Cornwallis s'était emparé de la Géorgie et des deux Carolines. Le parti des tories, les royalistes, relevait la tête. Les patriotes semblaient consternés. Heureusement, le courage et l'héroïsme des femmes américaines relevèrent leurs époux, leurs pères, leurs fils de leur abattement. Bientôt, de toutes parts, on courut aux armes, et les républicains, par un redoublement d'ardeur et de fermeté, se montrèrent dignes du secours que la France leur envoyait.

Dans le nord, Washington, inébranlable au milieu des revers, rassurait le Congrès et contenait, sans se compromettre, les forces redou-

---

1. Voir lettre à M. de Maurepas, 25 janvier 1880.

tables de Clinton. Enfin, la fortune allait seconder son génie. Le 27 avril 1780, il recevait de La Fayette ce billet daté de *l'entrée du port de Boston :*

« Je suis ici, mon cher général, et au milieu de la joie que j'éprouve de me retrouver un de vos fidèles soldats, je ne prends que le temps de vous dire que je suis venu de France à bord d'une frégate que le roi m'a donnée pour mon passage. J'ai des affaires de la dernière importance que je dois d'abord communiquer à vous seul. En cas que ma lettre vous trouve de ce côté-ci de Philadelphie, je vous supplie de m'attendre et vous assure qu'il pourra en résulter un avantage public. Adieu, vous reconnaîtrez aisément la main de votre jeune soldat. »

Le retour de La Fayette produisit la plus vive sensation. Toute la population de Boston courut au rivage pour le recevoir. Il fut conduit en triomphe chez le gouverneur Hancock, d'où il partit sur-le-champ pour le quartier général.

Washington apprit avec une vive émotion l'arrivée de son jeune ami. A la réception du courrier qui lui apporta cette nouvelle, des larmes coulèrent de ses yeux.

La Fayette fut reçu avec les manifestations les plus joyeuses par l'armée américaine. Il apprit alors au commandant en chef ce qui avait été résolu par le cabinet de Versailles et l'arrivée du secours si attendu. L'histoire doit l'enregistrer avec satisfaction : Louis XVI, avec un grand sens de la politique extérieure, n'avait pas eu besoin d'être stimulé par ses ministres. Il avait dû souvent prendre les devants. Les documents publiés font ressortir de la façon la plus honorable son rôle personnel dans la question américaine. Washington sentit toute l'importance de ces communications et regarda cette heureuse nouvelle comme décisive pour les affaires de son pays[1].

L'amour-propre des Américains était sauvegardé par les instructions confidentielles de

---

1. Instructions remises à La Fayette, le 5 mars 1780; annexes, p. 314, t. IV. Doniol.

M. de Vergennes. Il avait été réglé que le corps commandé par le lieutenant général de Rochambeau serait entièrement aux ordres de Washington et ne ferait qu'une division de son armée. Les Français ne seraient jamais regardés que comme auxiliaires, prenant la gauche des troupes des États-Unis, et le commandement devait appartenir, à parité de grade et de date, au commandant américain.

Le secret fut bien gardé. Mais les préparatifs furent longs, et le vent fut contraire au départ de Brest pendant presque autant de semaines encore qu'il en avait fallu pour effectuer l'embarquement. Le 2 mai seulement, le chevalier de Ternay, commandant l'escadre, prit le large avec six vaisseaux, cinq frégates et son convoi. Dans la lettre adressée le 3 juin à La Fayette par le ministre de la marine, il est dit :

« Le convoi vous mène cinq mille hommes effectifs; le défaut de bâtiments de transport n'a pas permis d'embarquer plus de monde, et la saison est bien avancée pour envoyer tout de suite le reste. Il est probable qu'on ne pourra faire partir qu'en automne les deux autres régiments. Peut-être est-ce un bien? Nous saurons comment les premiers auront été accueillis et si on en désire plus. »

Les deux régiments ne furent pas envoyés.

L'escadre du chevalier de Ternay entra le 17 juillet dans le port de Rhode-Island, après soixante-dix jours de navigation. La petite armée de Rochambeau campa près de New-York. Le général anglais Clinton s'embarqua aussitôt avec dix mille hommes pour descendre à Rhode-Island, mais le corps expéditionnaire renforcé par trois mille Américains que La Fayette et le général Heats amenèrent s'était mis en telle mesure de défense, que Clinton ne persista pas dans son projet. Il en fut d'ailleurs détourné, en apprenant la marche de Washington qui se rapprochait de New-York.

VI

Les troupes françaises étaient remplies d'ardeur, et le bon accord des deux alliés justifiait les prévisions et la conduite politique de La Fayette. Jamais il n'avait cependant trouvé Washington plus victime de l'âpre rivalité des intérêts de son pays et des jalousies démocratiques. Ce grand citoyen voyait l'armée, avec laquelle, depuis cinq ans, il défendait l'indépendance nationale, toucher aux derniers sacrifices.

Comme l'écrivait La Fayette à M. de Vergennes, le 23 juillet, le Congrès n'avait ni argent, ni papier.

« Les officiers et soldats de l'armée américaine n'ont pas un schelling. Les premiers ne reçoivent qu'une ration et n'ont point d'habits, sans avoir, comme les soldats, l'espérance d'en recevoir de France[1]. »

Les Français s'étant fortifiés à Newport et Clinton ayant renoncé à les attaquer, La Fayette put entretenir Rochambeau et son état-major du projet d'opérations offensives, combiné par Washington pour la réduction de la ville et de la garnison de New-York. La Fayette en désirait l'accomplissement avec beaucoup d'ardeur, et le général en chef y ajoutait un grand prix. Cependant la chose était difficile. Quoique la prise de New-York eût toujours été dans les vues du ministère français, les instructions de Rochambeau lui prescrivaient d'attacher une importance capitale au poste de Rhode-Island et d'en faire sa base d'opérations. Il répugnait donc à s'en éloigner pour marcher sur New-York[2].

1. Archives des affaires étrangères, annexes; Doniol.
2. *Correspondance de La Fayette*, t. 1er, p. 346, 357 et 365.

D'autre part, le chevalier de Ternay ne pouvait avoir la supériorité maritime qu'après l'arrivée de la seconde division de la flotte impatiemment attendue de France, ou par la jonction avec l'escadre de M. de Guichen, alors dans les Antilles. Plusieurs conférences se tinrent vers la fin de juillet et le commencement d'avril entre Ternay, Rochambeau et La Fayette. Ce dernier, dans une longue lettre officielle, datée du 9 août 1780, avait résumé, comme dans un procès-verbal, toutes les questions, afin d'en présenter un compte rendu à Washington. Le 12, Rochambeau fait connaître au marquis qu'il a sollicité directement du général en chef un rendez-vous, pour que l'amiral et lui discutent verbalement un plan définitif.

« On fera plus en un quart d'heure de conversation que par des dépêches multipliées... Sur ce que vous me mandez, mon cher marquis, que la position des Français à Rhode-Island n'est d'aucune utilité, je vous observerai que je n'ai encore ouï dire qu'elle ait nui à aucun d'entre eux. Je crains les *Savannah* et autres avertissements de cette espèce, dont j'ai tant vu dans ma vie. Il est un principe en guerre comme en géométrie, *Vis unita fortior*. Au surplus, j'attends les ordres de mon généralissime... Je vous embrasse, mon cher marquis, du meilleur de mon cœur. »

Cette ardeur naturelle de La Fayette ne faisait actuellement que correspondre aux dispositions de Washington, désireux de sortir d'une inaction fatale à sa cause.

Dans ses *Mémoires* [1], Rochambeau dit, pour la justification de La Fayette, qu'il rendait « substantiellement » les sentiments du général en chef, et que ce dernier se servait de la jeunesse et de l'ardeur de son lieutenant pour les exprimer avec plus d'énergie. La Fayette, en effet, insiste. Il a rendu compte à Washington des conférences, et il a reçu de

1. Voir *Mémoires de Rochambeau*, p. 248 et 249.

pleins pouvoirs pour arrêter définitivement le plan de campagne. On avait du reste créé exprès pour lui un corps d'élite destiné à être l'avant-garde de l'armée. Le marquis parlait donc avec l'autorité d'un général des États-Unis.

Cette insistance, qu'il ne tenait pas seulement de sa jeunesse, mais aussi de son optimisme, de cette confiance heureuse faite d'enthousiasme et de persistance, qui était le fonds de sa nature, cette insistance auprès d'un officier supérieur plus expérimenté que lui, aurait fini par tourner en acrimonie, et aurait pu amener entre les deux armées des divisions fâcheuses. La Fayette le comprit, et avec une spontanéité qui tenait à la fois de sa modestie et de sa bonté, il écrivit au général Rochambeau :

« Si je vous ai offensé, je vous en demande pardon, pour deux raisons; la première que je vous aime, la seconde que mon intention est de faire ici tout ce qui pourra vous plaire.

Partout où je ne suis que particulier, vos ordres seront pour moi des lois, et pour le dernier des Français qui sont ici, je ferais tous les sacrifices plutôt que de ne pas contribuer à leur gloire, à leur agrément, à leur union avec les Américains. Tels sont, monsieur le comte, mes sentiments, et quoique vous m'en supposiez de bien contraires à mon cœur, j'oublie cette injustice pour ne penser qu'à mon attachement pour vous... Mon tort a été d'écrire avec chaleur, officiellement, ce que vous auriez pardonné à ma jeunesse, si je vous l'avais écrit en ami, et à vous seul ; mais j'étais tellement dans la bonne foi, que votre lettre m'a surpris autant qu'elle m'a affligé, et c'est beaucoup dire. »

La réponse de Rochambeau mérite d'être citée. Elle montre bien ce que l'amabilité et la politesse ajoutaient à la vaillance de la vieille armée française, et comme la générosité d'âme s'y mêlait à toutes les vertus militaires :

« New-York, le 27 août 1780.

« Permettez, mon cher marquis, à un vieux père de vous répondre comme à un fils tendre, qu'il vous aime et vous estime infiniment. Vous me connaissez assez pour croire que je n'ai pas besoin d'être excité, qu'à mon âge, quand on a pris un parti fondé sur la raison militaire et d'état, forcé par les circonstances, toutes les instigations possibles ne peuvent rien faire changer sans un ordre positif de mon général. Je suis assez heureux, au contraire, pour qu'il me dise dans ses dépêches que mes idées s'accordent *substantiellement* avec les siennes, sur toutes les bases qui permettront de tourner ceci en offensive, et que nous ne différons que sur quelques détails, sur lesquels la plus petite explication et certainement ses ordres trancheront toute difficulté. — Vous êtes humilié, mon cher ami, dans votre qualité de Français, de voir une escadre anglaise bloquer ici, par une supériorité marquée de vaisseaux et de frégates, l'escadre du chevalier de Ternay; mais consolez-vous, mon cher marquis, le port de Brest est bloqué depuis deux mois par une flotte anglaise qui a empêché de partir la seconde division, sous l'escorte de M. de Bougainville...

. . . .

» C'est toujours bien fait, mon cher marquis, de croire les Français invincibles; mais je vais vous confier un grand secret, d'après une expérience de quarante ans : *Il n'y en a pas de plus aisé à battre, quand ils ont perdu la confiance en leurs chefs*, et ils la perdent tout de suite, quand ils ont été compromis à la suite de l'ambition particulière et personnelle... Soyez donc bien persuadé de ma plus tendre amitié, et que, si je vous ai fait observer très doucement les choses qui m'ont déplu dans votre dernière dépêche, j'ai jugé tout de suite que la chaleur de votre âme et de votre cœur avait un peu échauffé le flegme et la sagesse de votre jugement; conservez cette dernière qualité dans le conseil, et réservez toute la première pour le moment de l'exécution.

« C'est toujours le vieux père Rochambeau qui parle à son cher fils La Fayette qu'il aime, aimera, et estimera jusqu'au dernier soupir. »

Il ne resta pas trace de cet incident, entre le vaillant soldat de la guerre de sept Ans et le chevaleresque ami de Washington.

La conférence, si désirée par Rochambeau et longtemps différée, fut enfin accordée. Le rendez-vous fut fixé à Hartford, dans le Connecticut. La Fayette et Washington, pour s'y rendre, quittèrent l'armée le 18 septembre. C'est à la suite de cette entrevue qu'il fut décidé qu'on enverrait à Paris le colonel américain Laurens, fils de l'ancien président. Il fut choisi, presque unanimement, par le congrès. Son dévouement à la cause de l'indépendance, ses longs services militaires, la réputation qu'il s'était acquise, le firent hésiter à se charger de cette mission. Il voulait qu'on donnât la préférence à M. Hamilton, aide de camp de Washington. Il partit néanmoins, muni de toutes les instructions. Nul ne voyait plus clairement l'état de détresse de son pays et le besoin extrême qu'il avait non pas d'un cordial accueil, mais de secours prompts et puissants dans tous les genres, qui missent en état de prendre New-York et d'y faire signer enfin une paix glorieuse [1].

C'est en revenant de la conférence de Hartford que fut découverte la conspiration d'Arnold. Washington aurait encore trouvé ce général à son quartier, si le désir de montrer à La Fayette le fort de West-Point, construit pendant son absence, ne l'avait point porté à s'y rendre avant d'arriver à Robinson's house, où logeait le général Arnold. C'est le seul officier américain qui ait jamais pensé à se servir de son commandement comme d'un moyen de fortune. Tous les autres faisaient la guerre à leurs dépens. Les affaires commerciales ou

1. Rapport de M. de La Luzerne, p. 391; dépêches publiées par M. Doniol.

industrielles étaient ruinées par leur absence, et ceux qui avaient des professions en avaient perdu l'exercice. Qui ignore que Washington, sachant la pénurie du trésor, ne voulut jamais accepter d'émoluments, se contentant de se faire rembourser les dépenses les plus nécessaires?

Tous les historiens américains ont rendu un compte détaillé de la trahison d'Arnold, nous n'en referons pas après eux le récit. Nous ne rappellerons que la réponse pénétrante de M. de Vergennes à l'amiral de Ternay, qui lui annonçait cet événement : « — C'est moins l'exemple que j'appréhende, que les motifs sur lesquels a été appuyée la trahison. Ils peuvent trouver faveur dans un pays où la jalousie est en quelque sorte l'essence du gouvernement[1]. »

Dans une lettre à sa femme, des 7 et 8 octobre 1780, La Fayette lui rendait compte des principaux faits accomplis depuis son arrivée

---

1. Dépêches publiées par M. Doniol.

à Boston. Il était moins seul. Le vicomte de Noailles, le second gendre du duc d'Ayen, avait suivi le comte de Rochambeau. Il était enfermé à Rhode-Island. Les deux beaux-frères s'écrivaient souvent; mais c'est dans la correspondance avec madame de La Fayette qu'il faut chercher le fond du cœur de son mari :

« Tant que notre infériorité maritime durera, lui disait-il, vous pourrez être tranquille sur la santé de vos amis d'Amérique... Vous aurez su que, depuis mon arrivée, je trouvais l'armée du général Washington fort exiguë en nombre, et plus encore en ressources. Mais le désir de coopérer avec leurs alliés donna aux États un nouvel essor. L'armée du général Washington augmenta de plus de moitié et l'on y ajouta plus de dix mille hommes de milice, qui seraient venus, si nous eussions agi offensivement. Il y eut des associations de marchands, des banques patriotiques pour faire subsister l'armée. Les dames firent et font encore des souscriptions pour donner quelques secours aux soldats. Dans le temps que cette idée fut proposée, je me fis votre ambassadeur auprès des dames de Philadelphie et vous êtes pour cent guinées sur la liste... M. de Rochambeau et M. de Ternay, ainsi que tous les officiers français, se conduisent fort bien ici. Un petit excès de franchise m'a occasionné un léger débat avec ces généraux. Comme j'ai vu que je ne persuadais pas et qu'il est intéressant à la chose publique que nous soyons bons amis, j'ai dit à tort et à travers que je m'étais trompé, que j'avais commis une faute, et j'ai, en propres termes, demandé pardon, ce qui a eu un si merveilleux effet que nous sommes mieux que jamais à présent... Je vais fermer ma lettre, mais avant de la cacheter, je veux vous parler encore un petit moment de ma tendresse. Le général Washington a été bien sensible à ce que je lui ai dit pour vous. Il me charge de vous présenter ses plus tendres sentiments; il en a beaucoup pour George. Il a été fort touché

du nom que nous lui avons donné. Nous parlons souvent de vous et de la petite famille.
— Adieu! adieu! »

Comme si ce n'était pas assez de l'épreuve de la trahison, les États-Unis voyaient le manque de paie et d'entretien produire des soulèvements dans les troupes de Pensylvanie. Le Congrès et les ministres engagèrent La Fayette à se rendre au milieu des révoltés avec le général Saint-Clair. Il fut reçu avec respect, et écouta les plaintes, qui n'étaient que trop fondées. L'affaire fut apaisée par la conciliation, mais une révolte semblable dans la brigade de New-Jersey fut comprimée avec plus de rigueur par Washington. La souffrance et les désappointements de cette brave armée étaient faits pour lasser toute patience humaine.

La campagne s'était passée en reconnaissances, tout plan de diversion avait été écarté. L'année 1781 s'ouvrait sous les plus fâcheux auspices. Arnold était descendu avec les troupes anglaises en Virginie, et il y commettait les plus honteux excès. Malgré tous les désavantages de la position de l'armée française, le chevalier Destouches, qui avait remplacé M. de Ternay, décédé à Newport, forma une petite escadre sous les ordres de M. de Tilly. Tandis que Washington envoyait La Fayette avec douze cents hommes d'infanterie légère, Rochambeau faisait conduire, par M. de Viomenil, un détachement de la même force. Déjà, La Fayette cernait Portsmouth, où s'était enfermé Arnold, lorsque l'issue du combat entre l'escadre anglaise et l'escadre française rendit les Anglais maîtres de la Chesapeake.

Pendant que le chevalier Destouches et M. de Viomenil revenaient à Newport, La Fayette, reconduisant son détachement au camp, le trouva bloqué par des frégates ennemies qui étaient en forces beaucoup trop considérables pour ses bateaux ; mais ayant placé du canon sur deux vaisseaux marchands, et mis des troupes à bord, il éloigna par cette manœuvre les frégates, et, profitant d'un bon vent, il arriva avec ses embarcations à Head-of-Elk, où d'importantes dépêches de Washington l'attendaient. Le plan de campagne des ennemis venait d'être connu. La Virginie en était l'objet. Le général Philipps, d'après les ordres du commandant en chef des forces anglaises, Clinton, étant parti de New-York avec un corps de troupes pour rejoindre Arnold, Washington mandait à La Fayette de marcher au secours de la Virginie. C'est cette campagne qui mit en évidence ses hautes qualités militaires et le classa au premier rang.

La tâche n'était pas facile. Il avait à peine deux mille hommes.

« Je ne suis pas même assez fort, écrivait-il au général en chef, le 23 mai, pour me faire battre. Nous sommes comme rien, devant une force aussi considérable. »

Et quels hommes! Ils n'avaient ni souliers, ni chemises. Les négociants de Baltimore prêtèrent à La Fayette deux mille guinées, pour avoir de la toile. Les femmes, les jeunes filles qu'il alla visiter à un bal donné en son honneur, se chargèrent de coudre les chemises. Les jeunes gens de la même ville formèrent un escadron de dragons volontaires. La désertion commençait dans les rangs de l'infanterie légère. La Fayette mit à l'ordre du jour de son armée qu'il partait pour une opération difficile et dangereuse, qu'il espérait que ses troupes ne l'abandonneraient pas, mais que quiconque voudrait s'en aller le pourrait à l'instant; et il renvoya deux soldats qui devaient être punis pour des fautes graves. Dès ce moment, la désertion cessa, et pas un seul homme ne voulut le quitter.

Il marcha avec une telle rapidité pour protéger Richmond, capitale de la Virginie, qu'il devança le général anglais Philipps, envoyé par Clinton pour prendre le commandement du Sud. A la nouvelle d'une fausse attaque sur Petersburg, La Fayette fit filer un convoi de munitions et d'habillements dont son collègue, le général Greene, avait un besoin urgent ; ce fut durant cette reconnaissance que Philipps mourut. Chose étrange, ce général Philipps commandait à la bataille de Minden la batterie dont un boulet avait tué le père de La Fayette.

Après la mort du chef des troupes anglaises, il était arrivé, en négociateur, un officier porteur d'un passeport et de lettres du général Arnold. La Fayette refusa toute communication avec un traître. Ce refus fit grand plaisir à Washington et à l'opinion publique et plaça Arnold dans une situation difficile vis-à-vis de ses propres troupes. Mais l'apparition inattendue de lord Cornwallis, qui venait le 20 mai d'opérer sa jonction avec Arnold, rétablit les affaires des Anglais dans la Virginie. Pour activer la marche, il s'était débarrassé de tous ses équipages pour ses soldats et pour lui-même. La Fayette se mit au même régime, et pendant toute cette campagne, les deux armées couchèrent au bivouac, ne portant avec elles que le strict nécessaire.

Le commandant de l'infanterie légère américaine avait pour mission de harceler les Anglais et de prolonger la défense le plus longtemps possible. Il s'acquitta habilement de sa tâche. Washington lui envoyait, comme renfort, les Pensylvaniens avec le général Wayne. Cornwallis, en se mettant aux trousses de La Fayette, avait écrit une lettre qui fut interceptée et où il se servait de cette expression : *The boy can not escape me (l'enfant ne peut m'échapper).*

L'*enfant* lui échappa et le suivit pas à pas, sans compromettre dans une seule affaire l'infériorité de ses forces et trompant son formidable adversaire sur le nombre de ses troupes.

Il n'avait guère le loisir, durant cette audacieuse et active campagne, d'écrire à madame de La Fayette. Depuis sa lettre du 2 février 1781, où il lui recommandait le colonel Laurens, envoyé en mission à la cour de France, et où il disait gentiment : « Pour être vagabond, je ne suis pas moins tendre, » il n'avait pu lui adresser d'autres missives; mais le

24 août, au camp devant Yorktown, il dépêche à sa chère femme un courrier :

« Le séjour de Virginie, dit-il, n'est rien moins que favorable à ma correspondance ; ce n'est pas aux affaires que je m'en prends, et trouvant tant de temps pour m'occuper de ma tendresse, j'en trouverais bien aussi pour vous en assurer. Mais il n'y a point d'occasion ici, nous sommes forcés d'envoyer les lettres au hasard à Philadelphie ; ces risques-là, réunis à ceux de la mer, et le redoublement de retards doivent nécessairement rendre plus difficile l'arrivée des lettres ; si vous en recevez plus de l'armée française que de celle de Virginie, il serait injuste d'imaginer que je suis coupable.

» L'amour-propre dont vous m'honorez a peut-être été flatté du rôle qu'on m'a forcé de jouer ; vous aurez espéré, mon cher cœur, qu'on ne pouvait pas être également gauche sur tous les théâtres ; mais je vous accuserais d'un terrible accès de vanité (car, tout étant commun entre nous, c'est être vaine que de me trop estimer) si vous n'aviez pas tremblé pour les dangers que je courais ; ce n'est pas des coups de canon que je parle, mais des coups de maître beaucoup plus dangereux que me faisait craindre lord Cornwallis. *Il n'était pas raisonnable de me confier un tel commandement ;* si j'avais été malheureux, le public aurait traité cette partialité d'aveuglement... Mon ami Greene a eu beaucoup de succès en Caroline, et cette campagne a pris partout une beaucoup meilleure tournure que nous ne devions espérer. Peut-être pourra-t-elle finir fort agréablement... »

C'est avec cet enjouement et cette modestie, et en faisant allusion à sa gaucherie d'autrefois, qu'il rendait compte à madame de La Fayette de ces heureuses nouvelles.

Le dénoûment, en effet, était proche.

On avait cru jusqu'à ce jour qu'après les deux vives escarmouches de Williamsburg et de Jamestown, l'armée anglaise avait été forcée, par d'habiles manœuvres, à se concentrer à Yorktown. Les archives aujourd'hui se sont ouvertes, et les documents nouvellement publiés rectifient sur ce point des opinions insuffisamment éclairées. On sait maintenant le secret de l'abandon de Williamsburg, puis de Portsmouth, par lord Cornwallis et de son recul devant des forces inférieures aux siennes. Toute cette conduite était l'exécution d'un plan que la jalousie et la crainte des succès d'un subordonné et d'un rival avaient imposé au commandant en chef, Clinton. Si La Fayette ignora pourquoi Cornwallis ne lui avait pas opposé plus de résistance dans cette campagne de Virginie, il avait exactement opéré comme si la résistance devait se produire. Il a été heureux, mais ses qualités militaires ne reçoivent pas d'atteinte.

C'était un projet fortement conçu que de débloquer Rhode-Island, de tromper Clinton, de se renfermer dans New-York et de retenir Cornwallis en Virginie. C'était permettre à la France d'envoyer assez à temps du port de

Brest, et ensuite des Antilles, dans la baie de Chesapeake, une flotte destinée à ôter à l'armée anglaise tout espoir de retraite et d'embarquement, à l'instant précis où Washington, Rochambeau et La Fayette viendraient forcer les Anglais dans leurs derniers retranchements. Ce grand projet, qui décida du sort de la guerre, ne put être conçu que par des hommes d'un talent supérieur.

« Il fallut, dit M. de Ségur, pour le faire réussir, toute l'audace de l'amiral comte de Grasse, toute l'habileté de Washington, soutenue par la vaillance de La Fayette, par la sagesse du comte de Rochambeau, par l'héroïque intrépidité de nos marins et de nos troupes, ainsi que par la valeur des milices américaines. »

Tandis que Washington et Rochambeau réunis établissaient leur camp à Philippsburg, à trois heures de Kingsbridge, premier poste des Anglais dans l'île de New-York, ce mouvement amenait un résultat très avantageux. Le général Clinton avait, en effet, reçu de Londres l'ordre de s'embarquer pour opérer une descente sur les côtes de la Pensylvanie. L'approche des armées ennemies, en l'empêchant d'exécuter ce projet, le retenait dans New-York. En même temps, dans le sud, Cornwallis, n'ayant pu parvenir à empêcher la jonction de La Fayette avec la brigade de Pensylvanie, se conformait aux ordres qui lui avaient été donnés et se repliait par la rivière de James sur Williamsburg et Yorktown. L'amiral de Grasse ayant débarqué avec trois mille deux cents hommes, d'autre part Washington et Rochambeau étant arrivés, toutes les forces combinées investirent York.

Les premiers jours d'octobre, ce siège mémorable commença. Tous les historiens en ont raconté les incidents. On sait qu'il devint nécessaire d'enlever les redoutes de la gauche des ennemis. L'infanterie légère américaine, sous le commandement du marquis de La Fayette et de Hamilton, les grenadiers et chasseurs français, sous les ordres du baron de Viomenil et du marquis de Saint-Simon, marchèrent à l'assaut. Les Américains entrèrent dans le premier retranchement à la baïonnette. Comme le feu des Français durait encore, La Fayette envoya demander au baron de Viomenil s'il avait besoin d'un secours ; mais il ne tarda pas à s'emparer de la seconde redoute. Ce brillant succès détermina lord Cornwallis à capituler (17 octobre 1781). L'armée anglaise se rendit prisonnière de guerre.

Le duc de Lauzun et le comte Guillaume des Deux-Ponts furent chargés par Rochambeau de porter en France le texte même de la capitulation.

« La pièce est jouée, écrivait La Fayette le 20 au comte de Maurepas, et le cinquième acte vient de finir. »

VII

Il avait à peine eu le temps de dire dans une lettre piquante à madame de La Fayette : « Voici le dernier instant, mon cher cœur, où il me soit possible de vous écrire ; » et le duc de Lauzun achevait à peine de raconter au maréchal de Noailles l'héroïque conduite de son petit-gendre, lorsqu'il arrivait lui-même à Paris le 21 janvier 1782, au moment où on ne l'attendait pas. Le nouveau ministre de la guerre M. de Ségur, qui avait remplacé M. de Montbarrey, annonçait à La Fayette que le roi le nommait « maréchal de camp de ses armées » ; et le nom de Royal-Auvergne était donné au régiment du Gâtinais, qui était monté le premier à l'assaut de la redoute de Yorktown. Mais un témoignage plus flatteur encore d'estime et d'approbation lui était venu de la part de l'homme d'État intelligent qui avait conduit avec autant de prudence que de fermeté la politique française durant la guerre de l'indépendance des États-Unis. Le 1er décembre 1781, M. de Vergennes écrivait à La Fayette [1] :

« Je réponds, monsieur le marquis, pour M. le comte de Maurepas et pour moi, aux lettres dont vous nous avez honorés les 24 août, 20 et 24 octobre. Ce n'est pas sans beaucoup de regret que vous apprendrez la perte que nous avons faite de cette excellent homme. C'est un bien bon ami que vous avez perdu, je puis en parler savamment : j'étais le dépositaire de ses sentiments pour vous et je suis en droit de vous assurer qu'ils ne différaient pas de ceux que je vous ai voués.

---

1. *Archives des États-Unis*, p. 12, publiées par M. Doniol, t. IV.

» M. de Maurepas vivait encore lorsque M. le duc de Lauzun est arrivé. Il a joui un moment de la satisfaction que nous ont causée les événements glorieux qu'il venait nous annoncer. La joie en est bien vive, ici et dans toute la nation, et vous pouvez être assuré que votre nom y est en vénération. On reconnaît avec plaisir que, quoique vous n'ayez pas eu la direction en chef de cette grande opération, votre conduite prudente et vos manœuvres préliminaires en avaient préparé le succès. Je vous ai suivi pas à pas, monsieur le marquis, dans toute votre campagne en Virginie; j'aurais souvent tremblé pour vous, si je n'avais été rassuré par votre sagesse. Il faut bien de l'habileté pour s'être soutenu, comme vous l'avez fait si longtemps, devant le lord Cornwallis, dont on loue les talents pour la guerre, malgré l'extrême disproportion de vos forces. C'est vous qui l'avez conduit au terme fatal, où, au lieu de vous faire prisonnier de guerre, comme il pouvait en avoir le projet, vous l'avez mis dans la nécessité de se rendre lui-même.

» L'histoire offre peu d'exemples d'un succès aussi complet; mais on se trompera, si on croit qu'il fixe l'époque d'une paix imminente. Il n'est pas dans le caractère des Anglais de se rendre aussi facilement. Attendez-vous à de plus grands efforts de leur part pour reprendre le terrain qu'ils ont perdu et même pour l'étendre, si la chose est possible, et elle le deviendrait si le pays que vous habitez, se reposant dans une funeste sécurité, ne se prête pas à la nécessité de multiplier ses efforts. Ce que j'entends de l'état de l'armée américaine n'est pas à beaucoup près satisfaisant; l'espèce des hommes est bonne, mais ils sont peu nombreux : ce sont cependant les gros bataillons qui décident la victoire.

» Prêchez, monsieur le marquis, cette doctrine à nos amis. Faites-leur sentir que ce n'est plus le moment de prêter à de petites considérations s'ils veulent assurer sur des fondements inébranlables l'ouvrage glorieux qu'ils ont entrepris avec tant de courage. Ne vous lassez pas de me tailler de bonnes plumes [1]. Ce n'est pas avec une seule qu'on peut écrire un ouvrage aussi volumineux que le sera la future paix. . . . .

» Je vous demande de vos nouvelles, monsieur le marquis, aussi souvent que vous le pourrez. Vous ne pouvez en donner à personne qui prenne un intérêt plus vif et plus direct à tout ce qui vous regarde. Ma femme et ma famille partagent ce sentiment. Tout ce qui m'appartient se réunit pour vous prier d'agréer l'assurance du tendre et inviolable attachement avec lequel j'ai l'honneur d'être, etc... »

Cette lettre était partie pour l'Amérique au moment où La Fayette s'embarquait. M. de Vergennes disait vrai en affirmant que son nom était en vénération dans la nation. Un rayon de gloire avait réchauffé les cœurs. La

---

1. Allusion à la lettre de La Fayette du 20 octobre 1781 : Recevez mon compliment, monsieur le comte, sur la bonne plume que l'on vient enfin de tailler à la politique. » (*Correspondance*, t. Ier, p. 471.)

France était si peu habituée au succès depuis Rosbach! Aussi tous les Mémoires du temps parlent-ils de l'enthousiasme qu'excita le retour de La Fayette, enthousiasme que Marie-Antoinette elle-même partagea. On célébrait, à l'Hôtel de Ville de Paris, une grande fête à l'occasion de la naissance du dauphin. On y apprit le débarquement du vainqueur de Cornwallis. Madame de La Fayette, qui assistait à la cérémonie, reçut une marque signalée de la faveur royale. La reine voulut la reconduire elle-même dans sa propre voiture à l'hôtel de Noailles.

Les alarmes de la jeune femme durant la campagne de Virginie avaient été au delà de ce qu'elle avait encore souffert. Les gazettes anglaises, qui seules donnaient des nouvelles au public, peignaient la situation de l'armée américaine comme désespérée. Les bruits les plus sinistres arrivaient aux oreilles de madame de La Fayette. Elle eut la force de les cacher à madame d'Ayen et de tout supporter seule, prenant ainsi sa revanche de la campagne précédente. La fin brillante de la guerre lui avait donc apporté une joie achetée par de longues angoisses. Le bonheur de revoir son mari, sorti, avec une auréole de gloire, de si grands dangers, le charme de sa présence, étaient sentis par elle avec une extrême vivacité. « L'excès de son sentiment était tel, dit madame de Lasteyrie, que pendant quelques mois elle était près de se trouver mal lorsqu'il sortait de la chambre. Elle fut effrayée d'une si vive passion par l'idée qu'elle ne pourrait pas toujours la dissimuler à mon père et qu'elle devenait gênante. Dans cette vue, et pour lui seul, elle cherchait à se modérer. »

La Fayette devint à la mode. Au théâtre, les pièces du temps, comme l'*Amour français*, de Rochon de Chabannes, faisaient en vers, très mauvais du reste, des allusions à son retour. Le XVIIIe siècle reprenait toujours ses droits, et ce mari modèle n'inspira pas moins une passion fort tendre qui se changea en fidèle amitié, à la femme la plus charmante de la cour, la plus belle, au dire de ses contemporains, madame de Simiane [1]. La vicomtesse de Noailles, qui s'y connaissait, avoue « qu'elle n'avait jamais entendu parler du succès de la figure de madame de Simiane sans une sorte d'enthousiasme. Quelqu'un a dit : Il est impossible de la recevoir sans lui donner une fête. » Jusqu'à son dernier jour, sa bonté solide, assaisonnée d'une envie de plaire constante, devait produire autour d'elle « une sorte d'effet magique. Son commerce était délicieux. Elle était d'une gaîté charmante, comme tous ses frères, les trois Damas. Cette gaîté ne blessait jamais personne, parce qu'elle avait un cœur adorable, une âme élevée et un grand bon sens. » Être aimé de madame de Simiane passait aux yeux du vieux duc de Laval pour une conquête aussi difficile que celle des principes de 1789. Ce fut une amie de l'exil, et nous ne parlons d'elle que pour mieux constater les succès mondains du jeune mar-

---

1. Voir la vie de la princesse de Poix, née Beauvau.

quis. Quels qu'ils fussent, ils ne valurent jamais les joies de son foyer.

C'était autre chose, cependant, qu'une sorte de fierté nationale se révélant en toute occasion par les applaudissements que le public faisait entendre à Paris dans les jardins publics, lorsque La Fayette y paraissait. Sans doute, c'était beaucoup aux yeux de la nation d'avoir battu les Anglais, sur terre et sur mer, pour la première fois depuis Louis XIV, et d'avoir pris ainsi la revanche de plus d'un siècle d'humiliation. Mais il y avait un autre sentiment dans les faveurs populaires : l'opinion publique sentait que La Fayette avait combattu et vaincu pour une cause noble et juste, la liberté d'un peuple, et elle espérait en tirer profit. C'était la Révolution qui revenait d'Amérique, et le général représentait à la fois les triomphes du présent et les espérances de l'avenir.

Tous les esprits observateurs faisaient remarquer cette étrange inconséquence : les ministres de la monarchie française ne s'étaient-ils pas armés contre un roi, le roi d'Angleterre, pour une république ? N'avaient-ils pas soutenu la cause d'un peuple en insurrection contre l'autorité établie ? Ne proposait-on pas à l'admiration des générations nouvelles des républicains tels que Franklin, Washington, John Adams, Gates et Greene ? De jeunes courtisans, des représentants de la plus vieille aristocratie n'étaient-ils pas allés en Amérique apprendre le mépris des privilèges et la haine de tout despotisme ? Est-ce que le caractère de cette époque, à la fois idolâtre des jouissances de l'esprit et enivré par les perspectives d'une sorte d'âge d'or, n'est pas tout entier dans la présentation que faisait Voltaire à l'Académie française, de Benjamin Franklin et de John Adams, en les appelant « les précurseurs en Europe de l'astre de la liberté qui se levait en Amérique ? » Est-ce que les conséquences de la fondation des États-Unis, avec notre aide, ne furent pas, pour la royauté en France, d'une importance plus considérable que partout ailleurs ? La doctrine de la souveraineté du peuple, proclamée en Amérique et préparée par notre école philosophique depuis un demi-siècle, n'avait-elle pas été reconnue et consacrée avec éclat par le petit-fils de Louis XIV?

Comme le marquis de La Fayette, les classes dirigeantes, dans la société française, en se prenant d'enthousiasme pour le système américain, n'allaient pas tarder à se demander si le peuple devait s'en tenir au rôle de simple spectateur. Il ne faut pas oublier qu'en 1791 et 1792, lorsque notre noblesse militaire se trouva forcée de choisir une ligne de conduite, la majeure partie des survivants de la guerre d'Amérique, Rochambeau, Dillon, Custine, le vicomte de Noailles, Duportail, Gouvion, pour ne nommer que les principaux, crut, à l'exemple de La Fayette, que son devoir essentiel l'attachait absolument au sol de la patrie et qu'il fallait, avant tout, la défendre contre l'étranger, même sous des couleurs nouvelles.

C'était donc plus qu'une personne, c'était une idée que l'on acclamait dans La Fayette, et il le sentait. Il revenait d'Amérique transformé et avec une éducation que la fréquentation et l'amitié de Washington et des glorieux fondateurs de l'indépendance lui avaient donnée. Ce qui n'était que dans les livres, dans les conversations des salons, avait pris corps à ses yeux, et il sut, dès les premiers jours de 1789, ce qu'il voulait. C'était une force et une supériorité. Était-ce suffisant? C'est ce que nous examinerons.

Sept années nous séparent encore de la convocation des états généraux. La Fayette, en attendant, devient le véritable représentant, en Europe, de tous les intérêts américains. Une résolution du congrès du 23 novembre 1784 portait que les ministres plénipotentiaires et agents américains à l'étranger étaient chargés de faire toutes les communications à La Fayette et de s'entendre avec lui. Cette résolution est trop importante pour que nous n'en transcrivions pas les parties principales. Elles parlent plus haut que nos réflexions :

« Sur le rapport de MM. Carroll, Madison et

Cornell, résolu : Que le major général, marquis de La Fayette sera autorisé à aller en France et à n'en revenir qu'à l'époque qui lui paraîtrait la plus convenable ; que, d'après l'examen de sa conduite durant la dernière campagne, et particulièrement pendant le temps qu'il a commandé en chef dans la Virginie, il sera informé que les nombreuses et nouvelles preuves qu'il a données de son zèle, de son attachement à la cause qu'il a épousée, ainsi que de son jugement, de sa vigilance, de sa bravoure, de son habileté dans la défense de cette cause, ont grandement ajouté à la haute opinion que le Congrès avait déjà de son mérite et de ses talents militaires ; que le secrétaire des affaires étrangères informera les ministres plénipotentiaires des États-Unis que le Congrès désire qu'ils confèrent avec le marquis de La Fayette et profitent de la connaissance qu'il a de la situation des affaires publiques aux États-Unis ; que le secrétaire des affaires étrangères informera, en outre, le ministre plénipotentiaire à la cour de Versailles que l'intention du Congrès est qu'il consulte le marquis de La Fayette et emploie son assistance pour accélérer l'envoi des secours qui pourraient être accordés aux États-Unis par Sa Majesté très chrétienne ; que le surintendant des finances, le secrétaire des affaires étrangères et le bureau de la guerre donneront au marquis de La Fayette, touchant les affaires de leurs départements respectifs, telles communications qui peuvent le mettre à même d'atteindre le but des deux résolutions précédentes ;... que le secrétaire des affaires étrangères rédigera une lettre à Sa Majesté très chrétienne, laquelle lettre sera confiée au marquis de La Fayette. »

Cette lettre du Congrès à Louis XVI, datée du 20 novembre 1781, disait en termes formels :

« Le major général marquis de La Fayette a, dans cette campagne, tellement ajouté à la réputation qu'il s'était acquise, que nous désirons obtenir pour lui, en notre faveur, une marque particulière de bienveillance en addition à l'accueil favorable que ses mérites ne peuvent manquer de rencontrer chez un souverain généreux et éclairé. Dans cette vue, nous avons ordonné à notre ministre plénipotentiaire de présenter le marquis de La Fayette à Votre Majesté. »

Il prit donc une part active à des négociations entamées par des envoyés de l'Angleterre avec les ministres des États-Unis à Paris, et il fut, en cette qualité, appelé par le roi. Louis XVI lui parla de Washington dans les termes d'une si haute confiance, lui exprima si chaleureusement ses sentiments d'estime et d'admiration pour le grand citoyen, que La Fayette ne put se dispenser de le lui écrire. Qui le croirait! Dans un dîner, chez le vieux maréchal de Richelieu, le survivant de tout un monde disparu, la santé de Washington fut portée avec toute sorte de respects par les maréchaux de France. La Fayette, qui était un des invités, fut prié de lui présenter les hommages des convives. Il s'en acquitta le plus galamment du monde, et il ajoutait dans sa lettre : « Tous les jeunes gens de la cour sollicitent la permission d'aller en Amérique. »

Cependant, les négociations pour la paix n'aboutissaient pas. Les dispositions du gouvernement français satisfaisaient La Fayette. Ami du nouveau ministre de la marine, le marquis de Castries, il suivait avec patriotisme les efforts de nos intrépides marins, qui soutenaient sur toutes les mers, contre les Anglais, l'honneur de notre pavillon, et il entretenait avec Washington une correspondance active : « Nos deux nations, lui disait-il, seront pour toujours attachées l'une à l'autre, et l'envie et la perfidie britanniques dont toutes deux sont l'objet ne peuvent que cimenter entre elles une amitié et une alliance éternelles[1]. »

L'Angleterre proposait secrètement à la France de faire une paix séparée à des condi-

---

1. Voir : *Correspondance de La Fayette*, t. II, p. 19 ; — *Washington's Writings*, t. VIII ; — *Mémoires de La Fayette*, t. II, p. 4 ; — lettres des 14 octobre et 22 novembre 1782.

tions très favorables. M. de Vergennes refusa ; mais on craignait, en France, que les Américains ne sussent pas refuser pareillement une proposition analogue. La Fayette et Washington voulaient avec raison que les alliés traitassent en même temps. Pour en finir, les cours de France et d'Espagne combinèrent une grande opération et confièrent au comte d'Estaing le commandement général de leurs forces de terre et de mer. L'amiral, en prenant cette difficile charge, exigea que La Fayette fût employé avec lui. Il fut nommé chef des états-majors des armées combinées. Mais avant qu'il se rendît à son poste, madame de La Fayette, après sept mois de grossesse, mit au monde une nouvelle fille, celle qui fut madame Louis de Lasteyrie. « Quoique délicate, j'espère qu'elle s'élèvera bien, écrit le père à Washington. J'ai pris la liberté de lui donner le nom de Virginie. »

L'expédition franco-espagnole devait partir de Cadix. La Fayette s'embarqua à Brest, le 6 décembre 1782, avec quatre bataillons d'infanterie, un équipage d'artillerie et cinq mille hommes de recrues, et alla joindre à Cadix le comte d'Estaing, qui s'y était rendu par terre, en passant par Madrid. Avant de prendre congé de M. de Vergennes, La Fayette s'était assuré de la promesse d'un secours additionnel de six millions de livres pour les États-Unis[1].

Le plan de campagne consistait d'abord à aller à la Jamaïque, à l'attaquer avec soixante vaisseaux de ligne et des forces de terre considérables. La Fayette obtint du ministère français l'engagement qu'après la prise de la Jamaïque, le comte d'Estaing se porterait devant New-York et qu'il détacherait de sa flotte un convoi de six mille Français pour tenter une révolution dans le Canada, expédition que le marquis n'avait jamais perdue de vue.

Un incident nous est révélé dans ses *Mémoires*. Lorsque, dans les arrangements du plan de campagne, d'Estaing proposa au roi

---

1. Voir lettre du 22 novembre 1782, t. II.

d'Espagne, Charles III, de nommer La Fayette commandant provisoire à la Jamaïque : « Non! non! répondit avec vivacité le vieux monarque, je ne veux pas cela : il y ferait une république! » Mais il consentit à la partie du plan qui portait une armée navale à New-York et un corps de troupes au Canada. Cette puissante expédition aurait réuni aux îles soixante-six vaisseaux et vingt-quatre mille hommes. Le corps de Rochambeau était déjà arrivé dans un port de l'Amérique espagnole pour s'y joindre.

Tout annonçait le succès de la plus forte armée de terre et de mer qui eût paru dans les colonies. L'appréhension de la lutte mit fin aux tergiversations du gouvernement anglais, et, au moment de prendre le large, on apprit que la paix était faite. Les préliminaires entre la France et l'Angleterre avaient été signés à Versailles, le 20 janvier 1783, par M. de Vergennes et M. Fitz-Herbert, plénipotentiaire de Sa Majesté britannique. Ces préliminaires furent convertis en un traité de paix définitif le 3 septembre 1783. Il fut signé, pour l'Espagne, par le comte d'Aranda; pour l'Angleterre, par le duc de Manchester, et pour la France, par M. de Vergennes. Le traité définitif entre la Grande-Bretagne et les États-Unis fut signé le même jour, à Paris, par David Hartley, d'une part, et par John Adams, Benjamin Franklin et John Jay de l'autre. La veille, avaient été conclues, également à Paris, les conventions particulières entre l'Angleterre et les États-généraux de Hollande.

VIII

Lorsqu'un courrier eut fait connaître ces nouvelles à Cadix[1], La Fayette eût voulu les porter lui-même, à son tour, aux États-Unis; mais Carmichaël, leur chargé d'affaires, lui écrivit que sa présence et son influence étaient nécessaires au succès des négociations avec la cour d'Espagne. Il se borna donc à demander au comte d'Estaing de faire partir un bâtiment pour l'Amérique. L'amiral donna l'ordre d'appareiller au navire qui s'appelait *le Triomphe*. Il était porteur de deux lettres de

1. Voir lettres des 20 janvier, 5 février 1783. (*Correspondance*, t. II.)

La Fayette, datées de Cadix, du 5 février 1783, annonçant la signature des préliminaires de la paix, l'une adressée au Congrès, l'autre à Washington. Dans la première, il disait :

« Aujourd'hui que notre noble cause a prévalu, que notre indépendance est fermement établie et que la vertu américaine a obtenu sa récompense, aucun effort, je l'espère, ne sera négligé pour fortifier l'union fédérale. Puissent les États être toujours unis, de manière à défier les intrigues européennes. Sur cette union reposeront leur importance et leur bonheur. C'est le premier vœu d'un cœur plus véritablement américain que des mots ne peuvent l'exprimer. »

Sa lettre à Washington était plus expansive, plus émue :

« Si vous n'étiez, lui écrivait-il, qu'un homme tel que César ou le roi de Prusse, je serais presque affligé pour vous de voir se terminer la tragédie où vous jouez un si grand rôle. Mais je me félicite avec vous, mon cher général, de cette paix qui accomplit tous mes vœux. Rappelez-vous nos temps de Valley-Forge, et que le souvenir des dangers et des travaux passés nous fasse jouir davantage de notre situation présente. Quels sentiments d'orgueil et de bonheur j'éprouve en pensant aux circonstances qui ont déterminé mon engagement dans la cause américaine! Quant à vous, mon cher général, qui pouvez dire véritablement que tout cela est votre ouvrage, quels doivent être les sentiments de votre bon et vertueux cœur en cet heureux moment, qui affermit et qui couronne la révolution que vous avez faite! Je sens qu'on enviera le bonheur de mes petits-enfants lorsqu'ils célébreront et honoreront votre nom. Avoir eu un de leurs ancêtres parmi vos soldats, savoir qu'il eut la bonne fortune d'être l'ami de votre cœur, sera l'éternel honneur dont ils se glorifieront, et je léguerai à l'aîné d'entre eux, tant que durera ma postérité, la faveur que

vous avez bien voulu conférer à mon fils
George. Je m'étais disposé à aller en Amérique
à la nouvelle de la paix. La copie ci-jointe de
ma lettre au Congrès, celle que j'écris officiellement à M. Livingstone, en le priant de vous
la communiquer, vous instruiront pleinement
des raisons qui me pressent de partir pour
Madrid. De là, je ferai mieux d'aller à Paris,
et dans le mois de juin je m'embarquerai pour
l'Amérique. Heureux, dix fois heureux serai-je
en embrassant mon cher général, mon père,
mon meilleur ami, que je chéris avec une
affection et un respect que je sens trop bien
pour ne pas savoir qu'il m'est impossible de
les exprimer!... A présent que vous allez
goûter quelque repos, permettez-moi de vous
proposer un plan qui pourrait devenir grandement utile à la portion noire du genre humain. Unissons-nous pour acheter une petite
propriété où nous puissions essayer d'affranchir
les nègres et de les employer seulement comme
des ouvriers de ferme. Un tel exemple donné
par vous pourrait être également suivi, et si

nous réussissions en Amérique, je consacrerais avec joie une partie de mon temps à mettre cette idée à la mode dans les Antilles. Si c'est un projet bizarre, j'aime mieux être fou de cette manière que d'être jugé sage pour une conduite opposée. Je suis si impatient d'apprendre de vos nouvelles et de vous donner des miennes que j'envoie mon domestique par ce vaisseau et que j'ai obtenu qu'il fût mis à terre sur la côte du Maryland... Adieu! adieu! mon cher général; j'offre mes plus tendres respects à madame Washington. Nous allons, à présent, nous disputer, car je vous presserai de revenir en France avec moi. La meilleure manière d'arranger l'affaire serait que madame Washington vous accompagnât. Elle rendrait madame de La Fayette et moi parfaitement heureux. Soyez assez bon pour parler de moi à votre respectable mère. Je partage son bonheur de toute mon âme. »

Toutes les lettres de La Fayette à Washington sont animées de ce souffle généreux et de ces sentiments de tendre admiration. On y sent circuler cette âme de la fin du xviiie siècle, qui ne se lasse pas de s'intéresser à toutes les nobles causes. Un jour, c'est l'indépendance de l'Amérique, un autre jour, c'est l'émancipation des nègres! Tantôt, ce sera la liberté civile rendue aux protestants, et, quelques mois plus tard, ce sera la Déclaration des droits de l'homme. Sans doute, on rencontrerait encore dans notre pays le même courage, la même probité sévère ; mais cette flamme inextinguible, cette ardeur enthousiaste, cet amour confiant de l'humanité, cet abandon de soi, que sont-ils devenus? Où sont ces qualités si françaises qui étaient réunies chez La Fayette, au moment où, sans expérience et sans boussole, nous allions à notre tour traverser les plus cruelles épreuves et subir les plus redoutables tempêtes?

Ce désir passionné de contribuer au progrès des idées philanthropiques, cette horreur de toutes les injustices, étaient aussi très vifs dans le cœur de madame de La Fayette. Elle partagea donc les sentiments de son mari lorsqu'il s'occupa de travailler à l'abolition de la traite. Washington avait bien accueilli l'ouverture qu'il lui avait faite.

« Le plan que vous me proposez, mon cher marquis, pour encourager l'émancipation des nègres dans ce pays et les faire sortir de l'état d'esclavage, est une frappante preuve de la bienfaisance de votre cœur. Je serai heureux de me joindre à vous dans une œuvre aussi louable; mais j'attends, pour entrer dans les détails de l'affaire, le moment où j'aurai le plaisir de vous voir. »

La Fayette, toujours prêt à l'action, acheta une habitation à Cayenne, la *Belle-Gabrielle*, afin d'y donner l'exemple d'un affranchissement graduel. Il chargea sa femme du détail de cette entreprise. Un autre sentiment venait se joindre aux aspirations libérales chez la fille de la duchesse d'Ayen. Elle était profondément chrétienne, et le désir d'enseigner aux nègres de la Guyane les premiers principes de religion et de morale s'unissait au dessein qu'elle partageait avec son mari de les amener à la liberté. Elle se lia avec des prêtres du séminaire du Saint-Esprit, qui avaient une maison à Cayenne. Les événements révolutionnaires ne devaient pas lui permettre de voir réaliser ses vœux; mais, au moins, elle eut la consolation d'apprendre que les nègres n'avaient pas commis, à la plantation de la *Belle-Gabrielle*, les horreurs qui eurent lieu ailleurs.

Avant de rentrer à Paris, La Fayette s'était arrêté à Madrid. La lenteur espagnole et surtout la méfiance de la cour contre l'émancipation des colonies américaines avaient laissé les négociations aussi peu avancées que le premier jour où M. Jay était venu en Espagne comme envoyé des États-Unis. La Fayette vit Charles III et son ministre, le comte de Florida-Blanca. Il obtint la reconnaissance de M. Carmichaël comme chargé d'affaires du gouvernement américain et le fit recevoir officiellement à la cour. Enfin, il parvint à arrêter les bases de l'arrangement qui intervint définitivement quelques mois après. Après avoir prévenu de ce résultat M. Livingstone, le secrétaire des relations extérieures, il rentra à Paris [1].

Il n'avait pas encore conduit madame de La Fayette à Chavaniac en Auvergne, où il était né, où résidait sa dernière tante, madame de Chavaniac, la seule parente qui se rattachât à la famille paternelle, depuis que madame de Motier était morte. Ce voyage, retardé pendant quelques jours par le mariage de Rosalie la dernière fille de la duchesse d'Ayen, avec le marquis de Grammont, s'effectua vers la fin de mars. Tandis que madame de La Fayette gagnait le cœur de madame de Chavaniac et lui inspirait un sentiment maternel qui ne s'éteignit qu'avec la vie, La Fayette s'occupait d'obtenir, pour les marchandises américaines, que Lorient, Dunkerque et Bayonne fussent déclarés ports francs.

Il avait eu la satisfaction d'apprendre par

---

[1]. Voir *Correspondance de La Fayette*, t. II, 19 février et 2 mars 1783, 20 et 22 juillet, même année.

Washington, le 5 avril, que sa lettre, datée de Cadix et apportée à Philadelphie par le vaisseau le *Triomphe*, était le seul avis que le Congrès eût encore reçu de la paix générale. Aussi les sentiments de reconnaissance s'exprimaient-ils hautement « pour le cher marquis », et ensuite « pour l'auguste souverain Louis XVI, qui, dans le même temps où il se déclarait le père de son peuple et le défenseur des droits américains, donnait le plus noble exemple de modération en traitant avec ses ennemis ».

Les souffrances de l'armée américaine étaient arrivées à leur paroxysme et n'avaient d'égales que le stoïcisme des troupes et des officiers. Enfin, au mois de juin, le Congrès donna des congés à tous les soldats qui avaient pris un engagement pour la guerre et, le 23 décembre, Washington, reçu par le Congrès, résignait dans ses mains sa commission de général en chef.

La Fayette ne faisait que devancer le jugement de l'histoire quand il disait à l'ancien commandant des armées américaines « que jamais homme n'avait eu dans l'opinion du monde une place aussi honorable; que son nom grandirait encore dans la postérité ; que tout ce qui est grand, tout ce qui est bon, ne s'était pas, jusqu'à présent, trouvé réuni dans le même individu ; que jamais il n'avait existé d'homme que le soldat, le politique, le patriote et le philosophe pussent également admirer, et que jamais révolution ne s'était accomplie qui, dans ses motifs, sa conduite et ses conséquences, pût si bien immortaliser son glorieux chef. »

Washington s'était retiré sous les ombrages de Mount-Vernon, auprès de sa mère et de sa femme : il avait suspendu son épée et son habit de général en chef dans un coin de sa modeste demeure et repris le manche de la charrue. Il était revenu plus pauvre qu'il n'était parti. C'est alors (10 février 1784) qu'il écrit à La Fayette cette lettre immortelle que M. Guizot a eu raison d'appeler un monument, et qui devrait être inscrite en lettres d'or dans tous les livres destinés à former les caractères. Noblesse, fierté, délicatesse s'y rencontrent avec une sérénité d'âme que les plus beaux exemples de l'antiquité n'égalent pas :

« Enfin, mon cher marquis, je suis à présent un simple citoyen, sur les bords du Potomac, à l'ombre de ma vigne et de mon figuier, libre du tumulte des camps et des agitations de la vie publique.

» Je me plais en des jouissances paisibles. Le soldat toujours poursuivant la renommée, l'homme d'État consacrant ses jours et ses nuits aux plans qui feront la grandeur de sa nation ou la ruine des autres, comme si ce globe ne suffisait pas à tous, le courtisan, toujours surveillant sa contenance, dans l'espoir d'un gracieux sourire, doivent bien peu les comprendre.

» Je ne suis pas seulement retiré des emplois publics, je suis rendu à moi-même ; je puis retrouver la solitude et reprendre les sentiers de la vie privée avec une satisfaction plus profonde. Ne portant envie à personne, je suis décidé à être content de tous, et dans cette disposition d'esprit, mon cher ami, je descendrai doucement le fleuve de la vie, jusqu'à ce que je repose auprès de mes pères !

» Il serait puéril de vouloir vous apprendre à présent que les Anglais ont évacué la ville de New-York le 23 novembre; que, le même jour, les troupes américaines en ont pris possession pour la remettre aux autorités civiles de l'État; que, malgré l'attente et les prédictions du général Carleton, de ses officiers et de tous les royalistes, le bon ordre a été immédiatement établi et le port de New-York entièrement débarrassé du pavillon britannique vers le 5 ou le 6 décembre. Vous dire, après cela, que je suis resté huit jours dans la ville après notre prise de possession, et si accablé d'occupations que je n'ai pu vous écrire; que, revenant par Philadelphie, j'ai été obligé d'y demeurer une semaine; qu'ensuite, à Annapolis, où se trouvait et où se tient encore le Congrès, je lui ai remis ma commission et offert mon dernier hommage;

et qu'enfin, la veille de Noël au soir, les portes de cette maison ont vu entrer un homme plus vieux de neuf ans que lorsqu'il les avait quittées; c'est chose qui ne peut intéresser que moi seul. Depuis ce moment, nous avons été enfermés par la glace et la neige et privés de toute communication au dehors; car cet hiver a été et continue d'être extrêmement rude.

» Je dois à présent vous remercier de vos lettres du 22 juillet et du 8 septembre. Les détails qu'elles contiennent sur les affaires politiques et commerciales de l'Amérique sont fort intéressants, je voudrais pouvoir ajouter qu'ils sont également satisfaisants. La part que vous avez prise dans ces transactions, particulièrement en ce qui touche la franchise des ports de France, est une nouvelle preuve de vos infatigables efforts pour servir ce pays; mais il n'y a aucun endroit de vos lettres au Congrès, mon cher marquis, qui montre plus clairement l'excellence de votre cœur que celui où vous exprimez vos nobles et généreux sentiments sur la justice due aux fidèles amis et serviteurs du pays.

» Je vous remercie très sincèrement de votre invitation de demeurer chez vous, si j'allais à Paris ; je vois à présent peu d'apparence que je puisse entreprendre un tel voyage. Le dérangement de mes affaires personnelles, pendant ces dernières années, non seulement m'oblige à suspendre, mais peut m'empêcher de jamais satisfaire ce désir. Puisque ce motif n'existe pas pour vous, venez avec madame de La Fayette me voir dans mes foyers Je vous ai dit souvent et je vous répète que personne ne vous recevra avec plus d'amitié et d'affection que moi, à qui madame Washington se joindrait de grand cœur. Nous offrons ensemble nos compliments affectueux à votre femme et nos tendres vœux pour le petit troupeau.

» Je suis, avec tous les sentiments d'estime, d'admiration et d'amitié, votre

» WASHINGTON. »

On comprend que l'éducation de La Fayette se soit achevée au contact de cette grandeur morale. Nous sommes loin des petits-maîtres et aussi de tous ceux qui avaient cassé la noix et n'avaient rien trouvé dedans !

IX

Après avoir réglé les difficultés que soulevait la création de l'ordre de *Cincinnatus*, après avoir conseillé de renoncer à l'hérédité, seule clause qui eût des inconvénients, après avoir rétabli ainsi l'harmonie entre les officiers américains et les officiers de l'armée française, La Fayette fit en Amérique son troisième voyage.

Ce fut en juin 1784 qu'il s'embarqua pour visiter ces États dont la liberté et la prospérité étaient enfin assurées. Il était accompagné par le chevalier de Caraman et par le capitaine de frégate de Grandchain. Il débarqua à New-

York le 4 août et fut reçu en triomphe dans toutes les villes qu'il traversa. Il visita Yorktown, Williamsburg et Richmond, théâtre de la campagne de 1781. Washington vint à Richmond au-devant de lui, et ils allèrent passer quelque temps ensemble dans la retraite de Mount-Vernon.

Leurs entretiens portèrent principalement sur l'avenir politique de cette nation qu'ils avaient fondée. « Nous sommes à présent un peuple indépendant, disait Washington, et nous devons apprendre la tactique de la politique. Nous prenons place parmi les nations de la terre, et nous avons un caractère à établir. Le temps montrera comment nous avons su nous en acquitter. » Sa principale préoccupation était que la politique locale des États intervînt trop dans l'organisation du gouvernement central. Il voulait une constitution qui, en assurant à l'Union la consistance, la stabilité, la dignité, donnât au pouvoir politique, à ce qu'il appelait le grand conseil national, des moyens suffisants pour régler les intérêts généraux,

Après quelques jours de conversation intime, Washington accompagna son hôte à Baltimore et à Philadelphie. De nombreuses adresses envoyées par des comités de chaque comté motivèrent plus d'une réponse de La Fayette; elles ont été recueillies pour la plupart. Dans toutes nous trouvons la ferme expression de son désir de voir abolir l'esclavage. Nous ne relaterons pas davantage le voyage qu'il fit au fort Schuyler pour assister à la conclusion du traité avec les Indiens [1]. Le fait essentiel, dans son troisième voyage, fut sa réception solennelle par le Congrès des États-Unis.

Informé du prochain départ de La Fayette pour l'Europe, le Congrès ordonna qu'un comité, formé d'un représentant de chaque État de l'Union, se trouverait, le 11 décembre, dans la salle des séances pour le recevoir en cérémonie, lui souhaiter un heureux retour dans sa patrie et l'assurer, au nom des treize

---

1. Voir *Lettres d'un cultivateur américain*, par sir John de Crèvecœur; Paris, 1787, t. III; — voir *Mémoires de La Fayette*, t. II p. 104.

États, de leur estime et de leur considération, et pour lui dire combien cette haute opinion, si souvent manifestée, était encore justifiée par ses nouvelles marques d'attention à leurs intérêts politiques et commerciaux. Le président du Congrès fut aussi chargé de lui assurer que de même que son attachement constant et égal avait ressemblé à celui d'un citoyen patriote, de même aussi les États-Unis ne cesseraient jamais de partager tout ce qui pourrait intéresser sa gloire et son bonheur, que leurs vœux les plus vifs et les plus tendres l'accompagneraient toujours.

Le Congrès le chargea aussi d'une lettre pour Louis XVI, dans laquelle le Congrès exprimait ses sentiments pour lui. Les journaux, en rendant compte de cette cérémonie touchante, donnèrent la réponse suivante de La Fayette :

« Je ne sais comment exprimer aux États-Unis, assemblés en congrès, toute la reconnaissance que je leur dois pour la réception qu'ils m'accordent aujourd'hui et le plaisir que je ressens en contemplant l'heureuse situation dont ils jouissent. Depuis le moment où j'ai revu le continent, j'ai ardemment désiré les en féliciter. J'avoue que le premier intérêt que je pris à leur cause n'était, si je puis m'exprimer ainsi, qu'instinctif et involontaire; j'étais loin encore de prévoir tous les liens qui devaient m'attacher à leur prospérité et à leur gloire; mais j'ai vu les Américains exécuter de si grandes choses et déployer de si grandes vertus, que cet attachement durera autant que ma vie.

» J'embrasse avec joie cette occasion favorable de remercier le Congrès de la confiance dont il m'a honoré pendant le cours de cette révolution. Elle commença lorsque jeune encore, et sans expérience, je ne pouvais que réclamer l'adoption paternelle de mon illustre et respectable ami. Elle m'a été continuée, avec la plus touchante bienveillance, dans toutes les circonstances politiques et militaires de la guerre. Je reconnaîtrai, cependant, que j'ai souvent trouvé dans l'amitié personnelle et dans la confiance particulière des habitants les plus grandes ressources contre les difficultés publiques. Ce souvenir précieux m'enhardit, dans ce moment solennel, à rappeler au Congrès, aux États de l'Union, à tous leurs citoyens, mes chers compagnons d'armes dont la bravoure et les services ont été utiles à leur patrie.

» Après avoir profondément senti l'importance des secours que nous envoya notre illustre monarque, je me réjouis en pensant que cette alliance va devenir réciproquement avantageuse par les liens du commerce et par les heureux effets d'une affection mutuelle. Le souvenir du passé nous en répond et l'avenir semble agrandir cette douce perspective.

» Je désire bien sincèrement voir la confédération consolidée, la foi publique préservée, le commerce réglé, les frontières fortifiées, un système général et uniforme de milice adopté et la marine en vigueur. C'est sur ces seuls fondements que peut être établie la véritable indépendance de ces États. Puisse ce temple immense que nous venons d'élever à la liberté offrir à jamais une leçon aux oppresseurs, un exemple aux opprimés, un asile aux droits du genre humain, et réjouir dans les siècles futurs les mânes de ses fondateurs ! »

Le souffle précurseur de 1789 animait ces paroles. Elles furent très remarquées, en même temps que l'honneur extraordinaire dont personne, excepté Washington, n'avait joui dans le Congrès. Les anciens compagnons d'armes de La Fayette n'étaient pas moins empressés à lui montrer leur joie de le revoir. Différents États donnèrent son nom à des villes et à des comtés. Les capitales lui offrirent le droit de cité. Des diplômes lui conférèrent, ainsi qu'à son fils et à ses descendants, le titre de citoyen des États-Unis. La Virginie plaça son buste dans la salle des délibérations de Richmond. Enfin, on fit don à la ville de Paris d'un autre buste en marbre de La Fayette, qui fut présenté par le ministre des États-Unis et reçu avec pompe à l'Hôtel de Ville.

Couvert des bénédictions de tout un peuple,

il s'embarqua à Boston, après une superbe fête. Le ministère français lui avait envoyé, pour son passage, une frégate de quarante canons, et Washington lui faisait ses adieux en ces termes[1].

« Pendant que nos voitures s'éloignaient l'une de l'autre, je me demandais souvent si c'était pour la dernière fois que je vous avais vu : et, malgré mon désir de dire non, mes craintes répondaient oui. Je rappelais dans mon esprit les jours de ma jeunesse, je trouvais qu'il y avait bien longtemps qu'ils avaient fui pour ne plus revenir, que je descendais à présent la colline que j'ai vue cinquante-deux ans diminuer devant moi, car je sais qu'on vit peu de temps dans ma famille; et, quoique doué d'une constitution forte, je dois m'attendre à reposer bientôt dans la funèbre demeure de mes pères. Ces pensées obscurcissaient pour moi l'horizon, répandaient un nuage sur l'avenir, par conséquent sur

1. Voir *Correspondance de La Fayette*, t. II; lettre du 8 décembre 1784.

l'espérance de vous revoir. Mais je ne veux pas me plaindre, j'ai eu mon jour. Je n'ai pas de mots qui puissent exprimer toute l'affection que j'ai pour vous, et je ne l'essaie même pas. J'offre de ferventes prières pour votre agréable et sûr passage, votre heureuse réunion à madame de La Fayette, à votre famille et l'accomplissement de tous ses vœux. »

Ils ne devaient plus, en effet, se revoir. Mais Washington continua à porter à son jeune ami une affection paternelle, la plus tendre, peut-être, dont sa vie offre la trace. Ce gentilhomme de vieille race qui s'était échappé, à dix-neuf ans, de la cour la plus élégante de l'Europe pour apporter aux rudes planteurs de la Pensylvanie son épée et sa fortune, était fait pour plaire à l'âme religieuse et forte du général américain. Il y avait quelque chose de touchant, à ses yeux, dans cet hommage rendu à la nouvelle société démocratique qui se levait, par cet ancien monde, si spirituel et si brillant, qui allait bientôt finir. Cette affection, La Fayette la lui rendait avec toute l'ardeur de sa jeunesse. Être son ami, son disciple, son fils adoptif, fut toujours l'orgueil de son cœur, la plus douce de ses pensées [1].

Leur correspondance continua, même quand Washington devint président de la république, et c'est par cette correspondance, fidèlement conservée, que nous connaissons le mieux les divers événements de la vie de La Fayette jusqu'à la convocation des états généraux.

Son premier acte important, à son retour en France, fut sa courageuse campagne pour la réforme de l'état civil des protestants. Ils étaient encore, à la fin du xviiie siècle soumis au plus intolérable despotisme. Quoiqu'il n'y eût pas de persécution ouverte, ils dépendaient du caprice du roi, du parlement ou d'un ministre. Leurs mariages n'étaient pas légitimes, leurs testaments n'avaient aucune force devant la loi, leurs enfants consi-

---

1. Voir *Mémoires*, t. II, p. 134.

dérés comme bâtards, leurs personnes comme pendables. Quand on pense que cent ans, à peine, nous séparent des pasteurs du désert [1] !

Telle était encore la force des préjugés, dans ce siècle de l'Encyclopédie et du Dictionnaire philosophique, que La Fayette ne trouvait pas d'appui autour de lui. On lui pardonnait la liberté de la république américaine ; mais l'émancipation des protestants, dans ce siècle incrédule et rieur, c'était un acte plus qu'audacieux. « C'est une œuvre qui demande du temps, écrivait-il à Washington, et qui n'est pas sans quelque inconvénient pour moi, parce que personne ne voudrait me donner un mot écrit, ni soutenir quoi que ce soit. Je cours ma chance. » Heureusement que le vertueux Malesherbes siégeait dans les conseils du roi. La Fayette obtint de lui et de M. de Castries l'autorisation de visiter en détail les Cévennes, afin de connaître par le menu les vexations qu'il travaillait à faire cesser. Il prépara ainsi

---

1. Voir Lettre à Washington, 11 mai 1785.

un dossier complet qui lui permit deux ans plus tard, à l'assemblée des notables, de déposer une proposition formelle.

A la suite de ce voyage dans le Midi, qui le mit en rapport avec les principaux ministres protestants, La Fayette, voulant compléter son éducation militaire, se rendit à Berlin afin de suivre les manœuvres de l'armée prussienne en Silésie. Le grand Frédéric vivait encore, et son autorité stratégique était la première en Europe. Quoique décrépit, tout couvert de tabac d'Espagne, la tête presque couchée sur une épaule et les doigts presque disloqués par la goutte, il avait encore le plus beau regard du monde. Ses yeux donnaient à sa physionomie, malgré les années, une expression charmante. « Ils s'adoucissaient, dit le prince de Ligne, en écoutant et en racontant quelque trait d'élévation ou de sensibilité. » Pendant huit jours, invité à sa table, La Fayette eut l'occasion d'admirer la vivacité de son esprit, les séductions de sa grâce. Chose piquante! Il rencontra aux manœuvres son ancien adversaire, lord Cornwallis; mais la personne qui sut mieux prendre le cœur de La Fayette, dans ce milieu de généraux, fut le prince Henri de Prusse, qui, à des talents de premier ordre, comme militaire et comme homme politique, à une instruction littéraire variée et à tous les dons de l'esprit, joignait « des sentiments philanthropiques et des idées raisonnables sur les droits de l'humanité ». La Fayette passa quinze jours avec lui à sa maison de campagne.

Le grand Frédéric était souffrant, ce fut le duc de Brunswick qui commanda les manœuvres de l'armée prussienne. « Si les ressources de la France, écrivait La Fayette à Washington, la vivacité de ses soldats, l'intelligence de ses officiers, l'ambition nationale et la délicatesse morale qu'on lui connaît étaient appliquées à un système aussi bien suivi, nous pourrions être autant au-dessus des Prussiens que notre armée est en ce moment inférieure à la leur, et c'est beaucoup dire. »

De Silésie il partit pour Vienne, eut une longue conférence avec l'empereur, rendit visite aux généraux Laudon et Lascy. Il formulait ainsi son jugement sur les troupes autrichiennes : « Leur machine n'est pas simple, nos régiments sont meilleurs que les leurs, et quelque avantage qu'ils puissent avoir en ligne sur nous, nous devons, avec un peu d'habitude, les surpasser. » Il examina ensuite, pendant son voyage, les champs de bataille célèbres.

Toute cette tournée fut donc très utile à son instruction militaire ; elle lui fut aussi fort agréable par le bienveillant accueil et les témoignages flatteurs d'estime de tous les princes, des états-majors et des grands personnages. Mais il eut, dans ce milieu fermé à toute idée constitutionnelle, plus d'un effort à faire pour défendre la révolution américaine, et surtout l'organisation politique d'un gouvernement démocratique [1].

« J'ai souvent eu la mortification d'entendre dire que le manque de pouvoir dans le Con-

---

1. Voir *Mémoires*, t. II, p. 135.

grès, d'union entre les États, de vigueur dans leur gouvernement, rendrait le rôle politique de la confédération fort insignifiant. Le fait est (ajoute-t-il, en parlant à Washington), qu'en général ces gens-ci connaissent peu les avantages des gouvernements démocratiques et les ressources que présente une nation libre! Mais ils ne peuvent manquer d'être fortement frappés des fautes que nous avons souvent déplorées ensemble. Elles leur sont représentées par tous les journaux, et les ambassadeurs anglais prennent grand soin de confirmer les récits qu'eux-mêmes ont fait répandre. J'ai rétabli la vérité sur une infinité de points. »

La Fayette avait en effet un rôle difficile dans cette croisade d'idées, où il marchait très en avant de son temps ; c'était toujours le même caractère intrépide, ayant tous les courages, et le plus difficile de tous dans le milieu aristocratique, le courage d'esprit.

Ce n'était pas, du reste, par ses conversations seulement qu'il servait la cause américaine. Il s'efforçait d'ouvrir en France des débouchés pour le commerce des États-Unis. Il demandait qu'on favorisât leurs importations par toutes les concessions possibles. On avait formé, à sa sollicitation, un grand comité composé de fermiers généraux, d'inspecteurs du commerce, et il y avait développé une proposition qui ne tendait à rien moins qu'à la destruction de la ferme du tabac, le plus grand obstacle aux importations américaines. L'administration rejeta les projets de La Fayette; mais c'était la première fois que la question relative au meilleur moyen de concilier l'impôt sur le tabac avec la liberté de commerce avait été soumise à des calculs aussi précis. Pour toutes ces questions, il trouvait dans le représentant en France de la nouvelle république, l'illustre Jefferson, un conseil éclairé et sûr [1].

Pendant ce temps, une incroyable agitation s'emparait des esprits. Le besoin de réformes se faisait jour bruyamment dans tous les sa-

1. Voir le livre de Clavière et de Brissot, *De la France et des États-Unis*, Paris, 1787.

lons de Paris. La Fayette était le centre et la flamme de ces réunions. Il se liait, dès ce temps-là, avec Necker et sa fille. Dans une lettre d'août 1786, nous lisons qu'il est allé à Saint-Ouen avec madame de Lauzun et madame de Staël, qu'il a dîné chez Necker, qu'il a fait ensuite une visite au duc de Nivernois, à qui « il a laissé un projet de réforme de la jurisprudence criminelle rédigé par M. de Condorcet destiné à échauffer le garde des sceaux ». Les étrangers demandaient à le voir. Il donnait à dîner à M. Pitt, qui vint vers cette époque à Paris, et M. Pitt le charmait par son esprit, sa modestie et la noblesse de ses manières. « Depuis que nous avons gagné la partie, écrivait le marquis, j'avoue que j'ai un plaisir extrême à voir les Anglais, je me trouve sans embarras au milieu de cette fière nation. Ma conversion n'est cependant pas complète. Sans avoir la fatuité de les traiter en ennemis personnels, je ne puis oublier qu'ils sont ennemis de la gloire et de la prospérité françaises; car, en fait de patriotisme, je puis étonner le public, comme on dit que je l'ai fait en sensibilité. »

Dans ces trois dernières années qui précèdent la chute de l'ancien régime, années si remuées par les idées, La Fayette était au premier rang des assaillants. Il n'y a pas une revendication de droits qui ne trouve un écho chez lui ; de même qu'il n'y a pas un projet de réforme dont il ne soit le généreux défenseur. Il était, en un mot, un des rares esprits de son temps qui comprît la liberté et ses conditions vitales. Une lettre inédite du 14 janvier 1787, écrite par un officier de dix-neuf ans, Xavier de Schomberg, à sa mère, donne une idée exacte de l'intérieur de la famille de La Fayette :

« Nous avions été chez M. de La Fayette... Aujourd'hui, il m'a embrassé et reçu à merveille. C'est une maison de plus pour moi. Il me semblait être en Amérique plus tost qu'à Paris. Il y avait chés lui quantité d'Anglais et d'Américains, car il parle l'anglais comme le français. Il a un sauvage de l'Amérique habillé suivant son costume, au lieu d'avoir un coureur. Ce sauvage ne l'appelle que mon père, *father*. Tout respire la simplicité chez lui. Marmontel et l'abbé Morlay (Morellet) y dînaient. Jusqu'à ses deux petites filles parlent l'anglais, comme le français, quoiqu'elles soient toutes petites. Elles jouaient en anglais et riaient avec les Américains, et cela aurait fait des sujets charmants d'estampes anglaises. J'admirais la simplicité d'un jeune homme aussi distingué, tandis qu'il y a tant de gens qui n'ont rien fait qui sont aussi avantageux que celui-là l'est peu [1]. »

---

[1]. Archives de Seine-et-Oise, E 3151. Cette lettre nous a été communiquée par M. de Nolhac.

X

L'état des finances et le besoin de combler le déficit avaient déterminé le contrôleur général, M. de Calonne, à convoquer les notables.

Cette assemblée se réunit le 22 février 1787. Elle se composait de cent quarante-quatre membres choisis par le roi dans les trois ordres de l'État et des présidents et procureurs généraux des cours souveraines. Elle fut divisée en sept bureaux, chacun présidé par un frère du roi ou un prince du sang. La Fayette se trouva dans le bureau du comte d'Artois, et il joua un rôle important. Son nom avait

d'abord été rayé de la liste. Deux ministres :
le baron de Breteuil et le maréchal de Castries,
désapprouvèrent cette radiation, et Calonne rétablit La Fayette [1].

Certes, les notables n'étaient pas les représentants de la nation, mais ils étaient soutenus
par l'esprit public. On sait que le plan d'impôt
du contrôleur général fut rejeté : — « Nous
avons déclaré, écrivait La Fayette à Washington, que, bien que nous n'eussions aucun droit
d'empêcher les mesures du gouvernement,
notre droit était de ne conseiller que celles
que nous jugerions bonnes, et que nous ne
pouvions penser à de nouvelles taxes avant de
connaître le détail des dépenses et des réformes
projetées. »

Le procès-verbal du 24 mars fait mention
de la proposition de La Fayette de supplier le
roi qu'il veuille bien, par la même loi qui
abrogera la gabelle, ordonner que tous les
malheureux « qu'elle a précipités dans les fers

---

[1]. Voir *Mémoires*, t. II, p. 191, et *Correspondance*, lettre
du 5 mai.

ou conduits aux galères soient aussitôt rendus à la liberté et à leurs familles ».

Un incident sérieux se produisit dans la séance suivante : M. de Nicolaï, président de la chambre des comptes, ayant dénoncé des contrats onéreux à l'État et ayant cité des faits précis, La Fayette et l'un des prélats les plus distingués du clergé, M. de la Luzerne, appuyèrent énergiquement ces plaintes. Le lendemain, le comte d'Artois dit qu'il avait rendu compte au roi de ce qui s'était passé à la séance, et que Sa Majesté avait fait observer que, lorsqu'on se permettait des inculpations si graves, il fallait les signer. M. de Nicolaï garda le silence, La Fayette se mit alors en avant, et l'évêque de Langres ne le laissa pas seul. La Fayette lut au bureau une note signée de lui, dans laquelle, revenant sur les faits indiqués par le président de la Cour des comptes et citant les noms propres, il demandait qu'il fût fait une enquête sur les marchés par lesquels, sous prétexte d'échanges de domaines, des millions avaient été prodigués aux princes et aux favoris; cette note se terminait par ces mots courageux : « Les millions qu'on dissipe sont levés par impôt, et l'impôt ne peut être justifié que par le vrai besoin de l'État. Tous les millions abandonnés à la déprédation ou à la cupidité sont le fruit des sueurs, des larmes et peut-être du sang des peuples, et le calcul des malheureux qu'on a faits pour composer des sommes si légèrement prodiguées est bien effrayant pour la justice et la bonté que nous savons être les sentiments naturels de Sa Majesté. »

M. de Calonne se rendit auprès de Louis XVI et demanda que La Fayette fût enfermé à la Bastille. On s'attendait à une discussion violente entre eux à la séance suivante, et La Fayette rassemblait les preuves de ce qu'il avait avancé, lorsque Calonne quitta le ministère. La querelle fut terminée. L'opinion publique, très en éveil, avait suivi ce débat et pris fait et cause pour La Fayette, tandis que la cour, à l'exception de quelques amis, était irritée de ses audaces.

Lorsque l'archevêque de Toulouse, M. de Brienne, arriva aux affaires, La Fayette s'était ouvert sur un projet d'amener le roi à reconnaître formellement certains principes constitutionnels. Ce projet fut déjoué. Si La Fayette a constamment regardé la liberté comme le premier des biens et une condition nécessaire de la vie et de la société, il a toujours été, sauf pendant la Restauration, un homme de légalité [1].

Dans la discussion à laquelle donna lieu l'examen des causes du déficit et des moyens d'y mettre un terme, il examina, avec une hardiesse d'idées qui faisait pressentir son rôle dans la Révolution, les économies possibles. Il signalait en premier lieu la réforme des maisons militaire et domestique du roi, de la reine et de la famille royale, la destruction des *capitaineries* qui n'étaient pas nécessaires aux plaisirs royaux et qui, dans la seule généralité de Paris, coûtaient environ dix millions à l'agriculture. Il citait ensuite le personnel

---

1. Voir *Mémoires*, t. II, p. 167.

luxueux de ces palais où le roi payait, sans en jouir, l'entretien des fantaisies des générations passées; il osait ajouter à cette nomenclature de dépenses stériles celle des prisons d'État, « que le roi désavouerait, s'il en connaissait l'inutilité et le danger ». Il s'attaquait aux abus des pensions et des gratifications qui ne récompensaient pas les services ou qui n'encourageaient pas les talents; il demandait que les comptes des départements ministériels, excepté celui des affaires étrangères, fussent communiqués tous les ans en imprimés.

Il ne dissimulait pas la vérité quand il ajoutait : « Quel que soit l'amour des peuples pour la personne de Sa Majesté, il serait dangereux de croire que leurs ressources sont inépuisables; elles ne sont même que trop épuisées, et, pour ne citer que la province à laquelle j'appartiens, qui souffre particulièrement de l'inégalité de l'impôt et de l'inattention du gouvernement, j'ose assurer le roi que, dès à présent, ses cultivateurs abandonnent leurs charrues, ses artisans leurs ateliers, que ses plus industrieux citoyens, dépouillés de ce qu'ils gagnent chez eux et de ce qu'ils rapportent des autres pays, n'ont bientôt plus d'autre alternative que la mendicité et l'émigration, et que, dans cette partie du royaume, il ne peut augmenter les charges du peuple sans le réduire à toutes les extrémités de la misère et du désespoir. »

Après avoir insisté sur ce principe, que la réduction de la dépense devait précéder l'augmentation de la recette et que, s'il était nécessaire de combler le déficit par l'impôt, ce ne devait être qu'après avoir épuisé toutes les ressources possibles de bonification et de retranchements, La Fayette constatait que l'administration de M. de Brienne assurait une économie de quarante millions. Il dénonçait au roi les loteries, « ce jeu coupable dont le gouvernement était le banquier », la marque des cuirs, qui avait perdu les tanneries du royaume, enfin la taille, impôt inégal, arbitraire et ruineux, et il terminait ses observations par ces paroles qui eurent un grand retentissement :

« Si le peuple des campagnes ne compte aucun de ses membres dans cette assemblée, nous devons au moins lui prouver qu'il n'a pas manqué d'amis et de défenseurs... Dans tous les cas, les travaux de l'assemblée, la salutaire influence des assemblées provinciales, les talents et les vertus de l'administration actuelle, doivent amener un nouvel ordre de choses dont l'énumération pourrait être contenue dans un mémoire particulier que je propose de présenter à Sa Majesté. Comme le crédit doit être transporté sur des bases plus naturelles, que la baisse de l'intérêt de l'argent peut diminuer celui de la dette publique, dans le rapport de neuf à quatre, comme la simplification de perception doit délivrer l'État des compagnies de finances, dont les engagements finissent dans cinq ans, il me semble que cette époque est celle que nous devons supplier Sa Majesté de fixer dès à présent pour ramener à elle le compte de toutes les opérations et en *consolider à jamais l'heureux résultat par la convocation d'une assemblée nationale.* »

L'effet que produisirent ces deux mots prononcés pour la première fois fut extraordinaire :

— Quoi, monsieur, dit le comte d'Artois, vous demandez la convocation des états généraux ?

— Oui, monseigneur, et même mieux que cela !

— Vous voulez donc que je dise au roi : M. de La Fayette fait la motion de convoquer les états généraux.

— Oui, monseigneur.

Le silence fut général, et l'idée qui venait d'être jetée au vent, l'expression de *mieux que les états généraux*, c'est-à-dire d'une assemblée nationale, ne parut alors à la cour que la vaine expression d'un désir irréfléchi. M. de Brienne, qui avait été d'abord le confident des idées réformatrices de La Fayette, se hâta de le désigner au conseil comme l'homme le plus dangereux, « parce que, disait-il, toute sa logique est en action ». La liberté de ses discours, la franchise de sa conduite, contrastaient avec les façons des courtisans. Lui-même, avec son extérieur froid et son imagination vive, n'offrait pas un moindre contraste [1].

Plus il s'affirmait dans cette attitude, plus il perdait la bienveillance de la reine Marie-Antoinette. Louis XVI, au contraire, lui savait gré de se montrer économe de la fortune publique. De plus, il était flatté du rôle que le marquis avait joué dans la guerre américaine et de l'honneur qu'il avait restitué aux armées françaises avilies par la guerre de sept Ans.

Les procès-verbaux de l'assemblée des notables n'indiquent pas seulement les opinions de La Fayette sur le déficit: deux autres de ses discours sont sommairement analysés. L'un

---

1. Voir *Note trouvée dans les papiers de La Fayette*, t. II.

est relatif à la réforme des lois et ordonnances criminelles ; l'autre appelle la réalisation des démarches qu'il avait hardiment menées pour faire accorder enfin aux protestants l'état civil. Ainsi, les aspirations de la philosophie du XVIIIe siècle, dans ce qu'elles avaient d'humain, de généreux, de libéral, trouvaient dans La Fayette le premier interprète de leurs vœux dans un corps politique. Certes, c'était noblement commencer la vie pour ce grand seigneur que de vouloir donner à son pays la justice et le respect de la conscience, après avoir, dans le nouveau monde, tendu la main à un peuple qui s'émancipait.

Il ne faut pas oublier qu'il avait été impossible à Turgot et à Malesherbes, alors ministres, d'obtenir, lorsque Louis XVI fut sacré, qu'on retranchât du serment la célèbre formule de l'extermination des hérétiques.

Lorsqu'en 1785 La Fayette s'était rendu à Nîmes et dans les Cévennes, il avait vu le vieux pasteur du désert, Paul Rabaut. Après avoir longtemps connu la persécution et l'iniquité, lorsqu'il entendit les paroles réconfortantes de La Fayette, il avait récité le cantique de Siméon : *Nunc dimittis*. Son fils aîné Rabaut Saint-Étienne, ministre du saint évangile, était venu à Paris. Madame de La Fayette l'avait reçu chez elle. Profondément religieuse, elle détestait non moins vivement que son mari les persécutions qui éloignaient du christianisme et qui sont si contraires à son esprit.

La Fayette eut l'honneur de présenter Rabaut aux deux amis qu'il vénérait, Malesherbes et le duc de La Rochefoucauld, ce bon citoyen, assassiné à Gisors, après le 10 août ; il le conduisit ensuite chez le ministre de l'intérieur, le baron de Breteuil, qui chargea Rulhière de rédiger un mémoire favorable aux idées de tolérance.

Les choses étaient en cet état lorsque, dans la séance du 25 mai, à l'assemblée des notables, La Fayette fit sa motion. Il aurait vraisemblablement échoué s'il n'avait été soutenu par l'évêque de Langres.

« — J'appuie, s'écria cet éminent prélat, la

demande de M. de La Fayette, par d'autres motifs que les siens ; il a parlé en philosophe, je parlerai en évêque et je dirai que j'aime mieux des temples que des prêches et des ministres que des prédicans. »

Ces paroles profondes et politiques enlevèrent le vote.

« — Le clergé, ajouta La Fayette, pénétré des grands principes que les pères de l'Église se sont honorés de professer, applaudira sans doute à cet acte de justice. »

L'arrêté pris par les notables, le 24 mai, donnait satisfaction à ces deux motions. Il était ainsi formulé :

« 1° Une partie de nos concitoyens, qui n'a pas le bonheur de professer la religion catholique, se trouve être frappée de mort civile... Le bureau s'empresse de présenter à Sa Majesté sa sollicitation pour que cette portion nombreuse de ses sujets cesse de gémir sous un régime de proscription également contraire à l'intérêt général de la population, à l'industrie nationale et à tous les principes de la morale et de la politique ;

2° Le bureau prend encore la liberté de supplier le roi d'ordonner que les lois civiles et criminelles des années 1667 et 1670, celles des Eaux et Forêts de 1669 et celle du commerce de 1673, lois portant sur les objets les plus intéressants pour la prospérité publique, pour la sûreté des biens, de l'honneur et de la vie des citoyens, soient examinées afin de donner à la législation française toute sa perfection par les changements que la seule ancienneté de ces lois et la différence des temps et des mœurs peuvent exiger et dont le progrès des lumières assurerait l'utilité. »

Nous n'avons pas à raconter les deux dernières années qui nous séparent de 1789.

Nous lisons dans les lettres de La Fayette à Washington qu'il s'était amené une querelle personnelle avec les favoris pour avoir hautement attaqué les libéralités qui leur étaient faites par le trésor[1]. D'autre part, on colportait, comme abominable, un mot qu'il avait prononcé chez le duc d'Harcourt, gouverneur du dauphin. La belle société discutait quels livres d'histoire il fallait mettre dans les mains du jeune prince :

« Je crois, dit avec flegme La Fayette, qu'il ferait bien de commencer l'histoire à l'année 1787. »

Un autre jour, il poussait un cri de joie en apprenant que l'édit donnant aux sujets non catholiques du roi un état civil était enfin enregistré :

« Vous jugerez aisément, écrivait-il à Washington, combien, dimanche dernier, j'ai eu de plaisir à présenter à une table ministérielle le premier ecclésiastique protestant qui eût pu paraître à Versailles depuis la révocation (de l'édit de Nantes) de 1685. »

---

1. Tome II, voir les lettres des 9 octobre, 1ᵉʳ janvier, 4 février 1788.

On comprend dès lors que le nombre de ses ennemis en haut lieu allât en augmentant. Mais les jugements du grand monde étaient cassés par un tribunal indépendant et que toutes les puissances respectaient, celui de l'opinion publique.

Les idées de liberté se propageaient rapidement depuis la révolution américaine. L'assemblée des notables avait mis le feu aux matières combustibles. On n'ignore pas la lutte que le gouvernement eut à subir contre les parlements. Une guerre de pamphlets s'ensuivit. Très lié avec Adrien Duport, conseiller au parlement, La Fayette assistait chez lui aux réunions où se préparait le célèbre arrêté lu par d'Éprémenil, aux chambres assemblées du parlement, arrêté qui passionna momentanément la France. Les ducs de La Rochefoucauld, de Luynes, d'Aiguillon, l'évêque d'Autun, le marquis de Condorcet, étaient aussi au nombre des assistants. Dans une lettre à Washington, La Fayette reconnaissait que les cours souveraines dépassaient sans doute la limite de leur institution, mais qu'elles étaient sûres d'être approuvées par la nation [1]. « Parmi bien des choses déraisonnables, les parlements ont la bonne fortune de réclamer une assemblée nationale. Le gouvernement voit décliner le pouvoir de la couronne et cherche à le recouvrer en l'exerçant avec une sévérité dangereuse... Pour moi, je souhaite avec ardeur un bill des droits et une constitution, et je voudrais que la chose pût s'accomplir, autant que possible, d'une manière calme et satisfaisante pour tous. »

Nous rappelons que les édits de Lamoignon et de Brienne (mai 1788) contre les cours souveraines rencontrèrent une vive résistance surtout en Bretagne et en Dauphiné. A Rennes, la commission des États, qui représentait légalement la province, avait adressé au roi des représentations sur ses privilèges. La noblesse se réunit, rédigea une dénonciation contre les ministres et chargea douze députés d'aller la

---

1. Lettre du 1ᵉʳ janvier 1788.

présenter au roi. La Fayette, dont la mère était Bretonne et dont la fortune était en partie dans la Bretagne, envoya aux gentilshommes bretons une lettre d'adhésion, ajoutant : « Qu'il s'associait à toute opposition aux actes arbitraires présents ou futurs qui attentaient ou pouvaient attenter aux droits de la nation en général et particulièrement à ceux de la Bretagne. » Il se concerta donc avec les douze députés, et prit part à une réunion où furent appelés les seigneurs bretons de la cour. Là, fut signée cette protestation à la suite de laquelle trois hauts personnages furent disgraciés, les douze députés mis à la Bastille, et La Fayette privé de son commandement. Marie-Antoinette lui ayant fait témoigner son étonnement de ce qu'il avait pris part à la rébellion, il répondit : « Qu'il était Breton, de la même manière que la reine appartenait à la maison d'Autriche. »

Cependant, l'archevêque de Toulouse, pour donner un dérivatif au courant grossissant des mécontentements, avait été obligé de convoquer dans toutes les provinces qui n'avaient pas d'états, des assemblées provinciales, comme celles instituées par Necker pour le Berri et la Haute-Guyenne. La Fayette[1] avait demandé qu'au plan de nomination, moitié par le roi, moitié par les membres eux-mêmes, on substituât un système complètement électif. Le ministère promit d'étudier cette réforme pour l'avenir et maintint pour le présent l'ancien système. Il y eut, au mois d'août, en Auvergne, à Clermont-Ferrand, une réunion préliminaire, composée exclusivement des membres nommés par le roi. La Fayette y fit adopter la résolution suivante :

« Nous prenons la liberté d'observer que notre province est une de celles qui ont cessé le plus tard d'exercer le droit de s'assembler en États, et considérant la différence des fonctions qui semblent être destinées à l'assemblée, avec les prérogatives sacrées de nos États,

---

1. Voir *Mémoires*, t. II, p. 185.

nous croyons devoir supplier Sa Majesté de daigner déclarer à la province, qu'elle entend, comme nous le faisons ici nous-mêmes, que l'exécution de ce nouveau règlement ne portera aucune atteinte aux droits primitifs et imprescriptibles de l'Auvergne. »

L'assemblée provinciale s'étant complétée par la voie de la cooptation, ses opérations commencèrent au mois de novembre. Un de ses premiers actes fut d'approuver le vœu de l'assemblée préliminaire. Le point important à débattre fut de savoir s'il fallait accepter, comme le gouvernement y invitait, un abonnement qui tendait à augmenter les charges de l'impôt. Sur la proposition de La Fayette, on vota le principe, mais on réduisit les chiffres. Le commissaire du roi fit connaître à l'assemblée qu'elle avait dépassé les droits que le roi lui avait permis d'exercer. Le 11 décembre, La Fayette proposa à ses collègues et leur fit adopter une déclaration ainsi conçue : « L'assemblée, frappée de l'impossibilité d'établir la communication des rôles, de l'énormité des accessoires de la taille dans cette province, montant à trois millions de livres, sur lesquelles les vingtièmes sont encore perçus, n'a pu fixer ses idées que sur le travail du bureau de l'impôt et sur une conviction universelle de la surcharge de la province. Elle prend la liberté d'observer que les impôts réunis de l'Auvergne sont au delà de toute proportion, et privent déjà le peuple d'une partie essentielle de sa subsistance, de manière que tout accroissement de charge, augmentant aussi le nombre des champs abandonnés et des cultivateurs forcés à l'émigration, tournerait au détriment des finances de Sa Majesté, en même temps qu'elle répugnerait à son cœur. — L'assemblée ose espérer que Sa Majesté, touchée de la situation de cette province, daignera ne pas rejeter sa première proposition. »

C'est ainsi que le sentiment du droit venait s'ajouter à l'ardente fermentation des esprits. Tous les hommes éclairés qui avaient été appelés à donner leur avis sur les formes à observer pour la convocation des états généraux apprirent avec stupeur que les notables allaient être de nouveau réunis pour délibérer sur le mode de représentation : « Je ne crois pas, disait La Fayette, qu'ils soient fort habiles sur les questions constitutionnelles. » — La majorité fut, en effet, tellement en arrière de l'opinion publique, qu'un seul bureau, celui présidé par le comte de Provence, se déclara pour la double représentation du tiers. La Fayette raconte que le bureau de Monsieur dut cette gloire à l'assoupissement du comte de Montboissier, appelé à voter. Il demanda à son voisin le duc de La Rochefoucauld :

« Qu'est-ce qu'on dit ?

— On dit *oui*, » répondit La Rochefoucauld.

Et ce *oui* décida la majorité [1].

« Au milieu de ces troubles et de cette anarchie, écrit La Fayette à Washington, le 26 mai 1788, les amis de la liberté se fortifient jour-

---

1. Voir *Mémoires*, t. II, p. 184 et 238 ; — lettre du 8 mars 1789.

nellement, ferment l'oreille à toute négociation. Ils disent qu'il leur faut une assemblée nationale ou rien. Telle est, mon cher général, l'amélioration de notre situation. Pour ma part je suis satisfait de penser qu'avant peu je serai dans une assemblée de représentants de la nation française ou à Mount-Vernon. »

Ce ne fut pas pour Mount-Vernon qu'il partit. Une année ne s'était pas écoulée que les états généraux étaient convoqués, et La Fayette se rendait en Auvergne comme candidat aux élections. Il était élu député de l'ordre de la noblesse par la sénéchaussée de Riom. Mais ce ne fut pas sans lutte. Des gentilshommes de ses amis lui avaient signifié qu'avec certaines complaisances pour le maintien des abus, il aurait l'unanimité des suffrages. Repoussant toute compromission, La Fayette répondit « qu'il voulait convaincre et non flatter ».

Le *tiers* lui offrit alors de le choisir comme député. « C'était pour moi une chance de célébrité. » Il refusa néanmoins. — « Quoique l'oppression des nobles me révolte et leur personnalité m'indigne, je ferai mon devoir et serai modéré. » C'est avec ces sentiments de modération qu'il se rendit à Versailles pour assister à l'ouverture des états généraux. Son ami Washington venait d'accepter la présidence des États-Unis.

Le soir de son arrivée à l'hôtel de Noailles, La Fayette parlait à sa femme de ses projets constitutionnels, de ses espérances en l'avenir :

« Savez-vous, lui dit-il, le singulier apologue que me conta, en 1785, le grand Frédéric ? Un jour que je soutenais contre lui qu'il n'y aurait jamais en Amérique, ni noblesse, ni royauté, et que je lui exprimais mes vœux avec vivacité :

— Monsieur, me dit un moment après le vieux monarque, en fixant sur moi ses yeux pénétrants, j'ai connu un jeune homme qui, après avoir visité des contrées où régnaient la liberté et l'égalité, se mit en tête d'établir tout cela dans son pays. Savez-vous ce qui lui arriva ?

— Non, sire.

— Monsieur, continua le roi en souriant, il fut pendu.

» N'est-ce pas que le mot est charmant? Il m'a beaucoup diverti. »

Madame de La Fayette écoutait gravement et ne dut pas rire.

XI

Quel a été le rôle de La Fayette pendant la Révolution? Nul homme n'a été à la fois plus encensé et plus calomnié que lui. Comme il l'écrivait à M. d'Hennings, en sortant des prisons d'Olmutz (15 janvier 1799). « Sa réputation étant attachée à un grand mouvement, il a dû avoir pour ennemis ceux qui ont voulu l'arrêter et ceux qui ont voulu le dénaturer[1]. »

Une passion irrésistible de la liberté avait décidé de sa vie. Au sortir du collège, il avait

---

1. Voir *Mémoires*, t. III, p. 218.

vu avec mépris les grandeurs et les petitesses de la cour, avec pitié la futilité et l'insignifiance de la société des jeunes nobles de son entourage, avec indignation tous les genres d'oppression. L'attraction de la cause des États-Unis le mit tout à coup à sa vraie place, lui donna l'idéal qu'il cherchait. Il se sentit lui-même, lorsqu'il put, à dix-neuf ans, reposer son imagination, dans l'alternative de vaincre ou de périr pour l'idée à laquelle il se dévouait.

Ce fut la révolution américaine et l'amitié de Washington qui firent toute l'éducation politique de La Fayette. La guerre de l'indépendance avait été plus remarquable par les résultats que par les campagnes; si dans cette longue guerre, les moindres combats avaient pris, en traversant les mers, l'importance de grandes batailles, le spectacle que donnaient à une âme ardente et généreuse des citoyens comme Washington, Green, Jefferson, Laurens, était bien autrement fécond en enseignements. Une seule chose était oubliée par La Fayette :

la différence entre les deux nations, entre leur éducation, leur tempérament et les chemins si opposés que les deux peuples suivaient pour arriver aux institutions libres.

Chez l'un, la Révolution avait été précédée[1] « par le délire d'une régence noyée dans la débauche et par la honte du règne gangrené de Louis XV qui finit dans la boue. Elle avait été préparée par une amélioration philosophique dans la littérature. Les jugements de Montesquieu, les traits de Voltaire, les pensées de Rousseau, les déclamations de Raynal, et tant d'autres productions odieuses à la cour, proscrites par le clergé, brûlées au parlement par le bourreau, faisaient les délices de tous les gens un peu instruits. L'école voltairienne, malgré sa tendance aristocratique, avait émancipé les esprits; l'école économique, quoique trop absolue, les avait formés; l'école théologique dans la querelle du jansénisme et du molinisme avait prêché la résistance. »

1. Lettre de La Fayette à M. d'Hennings.

C'est La Fayette qui parle ainsi. Chez l'autre peuple, la tradition anglo-saxonne du *self government* avait passé l'Atlantique avec les premiers puritains. Pour créer un Washington, un Jefferson, il fallait une lente assimilation des forces cachées et des lointains instincts de race, aussi vrais dans la nature que dans l'histoire.

« Sans doute (La Fayette le reconnaissait dans sa lettre à M. d'Hennings), il eût fallu dans le peuple français plus de vertus, mais le levain corrupteur était dans son régime; plus de lumières, mais il n'était ni permis, ni possible de l'éclairer; plus de lenteur, mais nos adversaires précipitaient leur perte et nous eûmes à choisir entre un asservissement sans ressources et une régénération subite et complète[1]. »

Enivré du grand spectacle où il avait joué

---

1. *Mémoires* de Malouet, t. Ier, p. 268; et *Démocratie royale*, t. III, p. 210.

un rôle, La Fayette regardait comme possible en France de ne pas donner au monarque plus de pouvoir que n'en avait le président des États-Unis. C'est d'après cette conviction qu'il faut juger sa conduite et ses actes. Elle explique son influence au début de la Révolution et comment il perdit la confiance aussitôt qu'il voulut se séparer des excès et des crimes. Du reste, La Fayette a ceci de singulièrement honorable d'avoir cru toujours à la valeur politique de sa doctrine, même aux plus désespérés moments; d'y avoir cru toujours avec calme et avec une fermeté sans fougue. Ceux qui l'ont approché dans les diverses périodes de sa vie publique, sont unanimes pour constater ce fait; ils ont raison d'y voir un témoignage de force; et la constance de ce caractère a sa beauté morale.

Estimant la liberté plus que tout, et voulant cependant qu'elle coûtât le moins possible, il n'admit jamais l'idée d'un autre roi que Louis XVI, et même ce sentiment se fortifia en lui, à mesure que les événements placèrent ce malheureux prince sous sa garde. Certes il aurait eu de la duplicité en niant ses inclinations républicaines; mais il n'est personne à qui il n'ait dit que la nation n'était pas encore en état de se passer d'un roi. Quels que fussent ses sentiments républicains, il croyait que la royauté constitutionnelle devait être établie, essayée et appuyée de bonne foi. Il y était résolu non seulement par devoir, mais par la conviction que c'était le moyen d'éviter de beaucoup plus grands inconvénients. « Vous savez, disait-il à Louis XVI, que je suis naturellement républicain, mais mes principes eux-mêmes me rendent à présent royaliste. » Une autre fois parlant à la reine : « Vous devez avoir, madame, d'autant plus de confiance en moi, que je n'ai aucune superstition royaliste; si je croyais que la destruction de la royauté fût utile à mon pays, je ne badinerais pas; car ce qu'on appelle les droits d'une famille au trône n'existent pas pour moi; mais il m'est démontré que dans les circonstances actuelles, l'abolition de la royauté constitutionnelle serait un malheur public. Il y a plus de fond à faire sur un ami de la liberté qui agit par devoir et par patriotisme, que sur un aristocrate entraîné par un préjugé. »

Très opposé au système de l'école anglaise, il prétendait qu'en l'adoptant, on ne se serait pas concilié la noblesse, pour qui l'exception de deux cents familles entrant dans la Chambre des lords eût été encore plus insupportable que les idées d'égalité, ni le clergé qui, non moins dépouillé de ses privilèges, eût trouvé la suprématie du régime parlementaire aussi intolérable que les lois révolutionnaires, ni enfin le roi qui eût été aussi peu satisfait et aussi mal conseillé qu'il le fut pendant l'Assemblée constituante. Mais si La Fayette a souhaité que la monarchie devînt plus démocratique, s'il éprouva une vive joie de la mémorable séance de la nuit du 4 Août, ce fut avec beaucoup de regrets qu'il vit adopter, le principe d'une Chambre unique. Il avait présent à l'esprit le spectacle des États-Unis, dans une première ferveur révolutionnaire, commettant la même erreur, la reconnaissant ensuite et la réparant; et il proposait en France un sénat électif tous les six ans, comme barrière à l'impétuosité démocratique. « Il est, disait-il, en politique, un cercle d'idées qu'il faut parcourir; celle-ci fut repoussée par les métaphysiciens, par les économistes, par les niveleurs qui prenaient un sénat électif pour une chambre de noblesse; elle le fut aussi par les aristocrates forcenés qui, comme un de leurs plus consciencieux prélats s'en vantait un jour, votèrent pour ce qui leur parut le plus mauvais [1] »

Il est à remarquer cependant que tandis que notre école américaine essayait d'introduire en France ses idées, les plus illustres Américains, à commencer par Washington, à finir par Jefferson et Gouverneur Morris, non seulement ne partageaient pas les illusions généreuses de La Fayette, mais encore s'efforçaient de lui en montrer les périls. « La populace turbulente

1. *Mémoires*, t. III, p. 231.

des grandes villes, lui écrivait Washington[1], est toujours à redouter ; sa violence détruit pour un temps toute autorité publique, et ses suites sont quelquefois étendues et terribles. Il est à supposer qu'à Paris surtout, ces tumultes sont désastreux, maintenant que l'esprit public est en fermentation et qu'il y a un grand nombre de malintentionnés et d'intrigants, décidés, comme cela ne manque jamais d'arriver en de semblables circonstances, à fomenter des troubles, à détruire la tranquillité publique pour gagner ce qu'ils convoitent. Mais jusqu'à ce que vous ayez achevé votre constitution, établi votre gouvernement et renouvelé le corps de la représentation nationale, vous ne pouvez espérer beaucoup de tranquillité, car les ennemis de la Révolution n'abandonneront pas l'espérance de rétablir toutes choses dans leur premier état...

» Je ne puis m'empêcher de jeter un regard à la fois d'inquiétude et d'espérance dans

---

[1]. Lettres du 28 juillet 1791, 10 et 20 septembre, p. 183, 187.

l'avenir, vers ce temps où la paix et la tranquillité de la France seront garanties par un gouvernement respectable fondé sur les principes de la liberté et les droits de l'homme. Cela doit arriver ainsi. Le grand régulateur des événements ne permettra pas la destruction du bonheur de tant de millions d'hommes. Je vous confie à ses bénédictions ; les prières et les vœux de tous les amis de l'humanité accompagnent votre nation. Leur cœur ne sera satisfait que lorsque vos affaires seront complètement réglées sous un gouvernement énergique où l'égalité sera respectée ; et nul ne se réjouira de votre félicité et de la part que vous y avez eue par votre conduite noble et désintéressée, autant que votre sincère ami. »

Dans les conférences qui eurent lieu en septembre 1789, chez Jefferson, alors ambassadeur des États-Unis à Versailles [1], entre plusieurs membres du parti populaire, tels que Mounier, Adrien Duport, La Fayette, on discutait la for-

---

1 Voir *Correspondance* de Jefferson, t. II.

mation du Corps législatif. La Fayette soutenait que le veto suspensif pendant six ans et un sénat électif, étaient compatibles avec le maintien de la monarchie. Jefferson donnait des conseils de prudence. Il faisait beaucoup d'instance auprès des patriotes, ses amis, et particulièrement auprès de La Fayette pour ne faire que des lois applicables au peuple à qui on les destinait. A ses yeux, il fallait se contenter d'assurer la liberté religieuse, la liberté de la presse, le jugement par jury, l'*habeas corpus*, c'est-à-dire la liberté individuelle et une législature nationale. Il fallait aussi que l'Assemblée constituante se retirât et laissât ces institutions agir sur la condition du peuple, jusqu'à ce qu'elles le rendissent capable de plus grands progrès.

Ce fut surtout Gouverneur Morris, homme pratique et d'idées positives, qui combattit dans ses conversations l'école américaine en France. Reçu dans la famille La Fayette avec une hospitalité franche, une politesse sans affectation, Gouverneur Morris ne dissimula jamais à son hôte les craintes que l'excitation de l'opinion et l'ignorance des règles politiques lui inspiraient. Dans son *Mémorial*, il note ses conversations et reproduit une lettre intéressante écrite par lui à La Fayette le 16 octobre 1789. Il lui disait : « Je suis convaincu que la constitution présente ne peut convenir au gouvernement de ce pays ; que l'Assemblée nationale, objet d'un attachement enthousiaste aujourd'hui, sera bientôt traitée avec mépris ; que l'extrême licence de votre peuple rendra indispensable de renforcer l'autorité royale. »

Dans une autre entrevue avec La Fayette, qu'il ne cessa d'aimer et d'estimer tout en le froissant par sa manière de discuter, il résistait (26 novembre 1790) s'appuyant sur cette idée qu'une constitution américaine ne convenait pas à notre pays et que deux chambres identiquement semblables n'iraient pas à une nation où le pouvoir exécutif est héréditaire; et que chaque pays doit avoir une constitution appropriée à sa condition. La Fayette ne fut pas sans tenir compte des observations de ses amis d'Amérique, il bouda cependant Gouverneur Morris.

A égale distance des jacobins et des partisans de l'ancien régime, il fut le chef du parti constitutionnel. Ce furent les jacobins qui l'attaquèrent le plus et qu'il ménagea le moins. Il pressentait que ses ennemis amèneraient par lassitude le despotisme d'un maître ; mais il faut le laisser parler sur ce sujet :

« Ce nom de jacobins, qui retrace tant d'idées funestes[1] et qui a dénaturé tant d'idées utiles, n'a pas eu l'honneur d'être mêlé à la Révolution décisive par laquelle l'aristocratie et la royauté antique furent abattues d'un coup mortel. Il était même inconnu trois ans après, lorsque les divers artisans de guerre civile, dupes de leurs propres complots, ne réussirent qu'à placer l'Assemblée nationale et le roi sous la garde immédiate du général qu'ils auraient voulu anéantir ; alors on connut mieux les principales divisions des partis : le premier, composé d'aristocrates et de royalistes absolus,

1. Lettre à M. d'Hennings.

dont se rapprochèrent, avec réserve, quelques amateurs du système anglais ; le second, formant sous l'étendard constitutionnel, la triple alliance de la liberté, de l'égalité, de l'ordre public, et sanctionné par la masse générale des citoyens qui, satisfaits de la Révolution, ne demandaient plus qu'à jouir avec sécurité de ses avantages ; le troisième, en partie du moins, réunissant les fauteurs et les instruments de la licence, et qui, après s'être fortifié par l'anarchie, est parvenu à régner par la terreur.

» Le jacobinisme, en effet, n'a trop souvent été qu'un moyen de trouble et sa direction un moyen de pouvoir qui même eut plus d'éclat que de solidité. Au reste, si j'ai prévu, dès son origine, la tendance de cette secte, on sait qu'un de ses principes fut, dans les derniers temps, de me poursuivre comme son principal adversaire...

» Et comment ne l'aurai-je pas été, moi qui, depuis le 15 juillet 1789, ne craignis guère pour notre cause que les excès commis en son nom? Ma conduite a été si conforme à ce sentiment, que, malgré la part que j'ai prise aux révolutions d'Amérique et d'Europe, c'est autant comme défenseur de l'ordre public que comme promoteur de la liberté, que je suis encore présent à la mémoire des Français. »

Cette sorte de confession jette une lumière éclatante sur la conscience politique de La Fayette. La contradiction entre ses principes et ses actes, contradiction que ses ennemis lui ont reprochée, n'existe pas. Il eut avant tout et plus que personne le sentiment de la Révolution. Il le garda intact jusqu'à son dernier souffle; et lorsque dans les Chambres de la Restauration, il se levait de son banc, on voyait se lever avec lui l'image vivante de 89, avec l'honnêteté, la foi absolue dans les idées et dans la déclaration des droits.

C'est un préjugé de croire que, placé entre deux partis extrêmes et ne plaisant ni à l'un ni à l'autre, un homme politique manque de caractère. Les convictions de La Fayette ont été inexpugnables comme une muraille de granit et à ses pieds venaient mourir les railleries, les injures et même les désappointements et les désillusions. S'il y avait, au point de vue du caractère une critique à lui faire, elle porterait sur sa crédulité et son optimisme ; mais quand il était éclairé sur un homme, il n'oubliait jamais. Alexandre de Lameth s'en aperçut un jour. On peut lire dans la *Correspondance de La Fayette* [1] la lettre précise et froide qu'il lui écrivit en sortant des prisons d'Olmutz, en réponse à ses félicitations. Il avait percé à jour l'homme et, tout en restant courtois, il lui fit sentir qu'il n'y avait plus entre eux de communauté de sentiments. Ce qui a manqué à La Fayette, c'est l'épreuve du gouvernement. Y aurait-il réussi ? Cette nature très individuelle, très chevaleresque, se serait-elle prêtée au maniement des hommes, à ces transactions de détails qui constituent l'art de gouverner ? Ses meilleurs amis en

---

1. Tome IV, page 386.

doutaient; l'un d'entre eux et des plus fins a conjecturé que s'il eût vécu au moyen âge, il eût fondé quelque ordre religieux avec la puissance d'une idée morale fixe.

Il est certain que la lecture de sa *Correspondance* est faite pour donner une haute idée de sa volonté et de l'élévation de son âme. Le pouvoir dont l'effet est si puissant en France n'eut pas sur lui d'ascendant, de même qu'il sacrifiait sa fortune à ses opinions avec la plus généreuse indifférence. Le désir [1] de plaire dans les salons ne modifia pas, durant la Révolution, son langage. Il eut tous les courages, même le courage mondain. Les haines féroces qu'il souleva dans l'entourage où il avait passé sa jeunesse, n'aigrissaient pas son humeur ; sa douceur d'âme resta parfaite.

Ces sentiments, si contraires aux calculs égoïstes de la plupart des hommes qui jouèrent un rôle, parurent à quelques-uns assez dignes

---

1. Madame de Staël, *Considérations sur la Révolution française*.

de pitié. « Si c'est ainsi qu'on peut encourir le reproche de niaiserie, a dit madame de Staël dans son portrait de La Fayette, puissent nos hommes d'esprit le mériter une fois ! » Il lui a manqué, comme à la plupart des libéraux de ce siècle, le succès pour désarmer ses ennemis.

Ses rares qualités privées avaient amené à lui, dans sa famille, les membres les plus éloignés par leur éducation première, des idées d'égalité et de liberté. L'amour passionné de madame de La Fayette pour son mari avait été le meilleur argument pour la rallier à la cause de la Révolution ; sans doute les opinions de La Fayette n'étaient pas, au début de leur mariage, les opinions qu'on avait données à Adrienne d'Ayen : mais son cœur était si élevé qu'elle approuva, qu'elle admira toujours la conduite de son mari. « Elle s'identifiait avec ses sentiments, écrit madame de Lasteyrie [1] et se soutenait au milieu de ses inquié-

---

1. *Vie de madame de La Fayette.*

tudes par la pensée qu'il travaillait au triomphe de justes principes.

» Les premiers malheurs de la Révolution remplirent son âme d'amertume, au point de la rendre insensible à toute jouissance d'amour-propre pour mon père. Elle n'éprouvait de satisfaction qu'en le voyant sacrifier souvent sa popularité pour s'opposer à un mouvement irrégulier ou à un acte arbitraire. Elle avait adopté et professait avec franchise les opinions libérales, mais elle conservait une délicatesse dont il serait difficile d'indiquer la nuance et qui l'empêchait d'être un femme de parti. »

Tant qu'il ne s'agit que de faire les honneurs de sa maison aux invités de M. de La Fayette, de quêter à des bénédictions de drapeaux ou à d'autres cérémonies patriotiques, elle fut prête. Elle faisait les honneurs de chez elle avec une grâce charmante; elle avait d'ailleurs pour l'aider dans sa difficile tâche, son angélique sœur, la vicomtesse de Noailles, qui sentait tout comme elle. Mais il arriva un moment où sa conscience de chrétienne parla plus haut que ses sentiments d'épouse : ce fut au moment du vote de la constitution civile du clergé. Madame de La Fayette pensa qu'elle devait précisément à cause de sa situation personnelle, marquer son attachement aux croyances catholiques. Elle assista par conséquent au refus de prêter le serment, que fit en chaire le curé de Saint-Sulpice, dont elle était paroissienne. Elle se rendait assidûment dans les oratoires où se réfugiait le clergé persécuté. Elle recevait continuellement des religieuses qui demandaient protection, ainsi que des prêtres non assermentés qu'elle encourageait à réclamer la liberté de leur culte. Madame de Lasteyrie, qui raconte ces faits, ajoute : « Aucune considération ne faisait hésiter ma mère, lorsqu'il s'agissait de remplir un devoir. Elle trouvait dans l'accomplissement de celui-ci quelque consolation, en procurant à mon père de fréquentes occasions de montrer son respect pour la liberté des cultes et sa fermeté pour la maintenir »

La Fayette, comme tous les hommes du xviiie siècle et de la Révolution, était déiste ; mais le spectacle de la séparation des Églises et de l'État aux États-Unis l'avait frappé ; il voulait dans son opposition à toutes les intolérances « que le décret sur la liberté des religions n'en privilégiât aucune et laissât, à l'exemple des États-Unis, chaque société entretenir son temple et ses ministres. On n'était pas mûr pour cette idée. »

Non seulement on n'était pas mûr, mais le levain janséniste et les vieilles prétentions de l'esprit légiste amenèrent l'Assemblée constituante à commettre une de ses plus lourdes fautes.

Il faut rendre cette justice à La Fayette, c'est que dans cette question religieuse, qui passionnait au plus haut degré les âmes, il resta fidèle à ses doctrines libérales. Il ouvrit sa maison « à ces filles respectables appelées sœurs de charité, qui étaient, au sortir de la messe, insultées avec impudeur ».

Il s'efforça de maintenir même par la force,

contre la population ameutée, l'ouverture de l'église des Théatins et des chapelles que les prêtres non assermentés avaient louées[1]. « J'aime à me rappeler, écrivait-il à M. d'Hennings, que ni l'animadversion de ces prêtres, ni l'impopularité de tout intérêt en leur faveur, n'affaiblirent un instant mon zèle, et que, dans le même esprit qui m'avait autrefois dévoué à la cause des protestants français, je m'obstinai toujours à me déclarer le défenseur du culte opprimé. »

Cette conduite si conforme à son sentiment vrai de la liberté et à la hauteur de son âme, le place à part parmi les hommes de la Révolution. Quand il recevait à dîner des ecclésiastiques du clergé constitutionnel, madame de La Fayette ne se cachait pas pour professer devant eux son attachement à la cause des anciens évêques. Chacun, quelle que fût sa conduite ou son opinion, était toujours reçu par elle, suivant le désir de son mari ; mais

---

1. Lettre à M. d'Hennings, tome III.

elle conservait particulièrement sur toutes les choses de la conscience, la liberté d'exprimer sa façon de penser.

La Fayette avait table ouverte. Sa femme ne s'écarta qu'une fois de la règle qu'elle s'était prescrite d'accueillir avec une égale politesse tous ses invités; ce fut lorsque Gobel, l'évêque constitutionnel de Paris, nouvellement installé, vint dîner à l'hôtel La Fayette; elle ne voulut pas le recevoir et elle dîna hors de chez elle. Cet acte fut fort remarqué.

Il n'y avait pas que sa sœur préférée, la vicomtesse de Noailles, qui lui aidât à faire les honneurs de son salon.

Leur grand-père, le maréchal de Noailles avait eu quatre enfants : le duc d'Ayen, le marquis de Noailles, la duchesse de Lesparre et la comtesse de Tessé. Cette dernière était folle de son neveu La Fayette. Sans doute, à la veille de la Révolution, toute la famille était plus ou moins engagée dans les idées nouvelles; depuis le comte de Ségur, marié à Pauline d'Aguesseau, sœur en secondes noces de la duchesse d'Ayen, jusqu'à ces héroïques jeunes gens, si bons, si aimables, si braves, le vicomte de Noailles et le marquis de La Fayette qui étaient les oracles de leurs beaux-frères, le marquis de Grammont et le marquis de Montagu. Sans doute, parmi les femmes si brillantes qui entouraient La Fayette, comme sa cousine la princesse de Poix ou ses amies la princesse d'Henin et la comtesse de Simiane, il trouvait des enthousiastes, mais aucune n'était aussi intéressante, aussi originale à tous égards que la comtesse de Tessé [1].

Elle était petite, les yeux perçants, le visage déformé à vingt ans par la petite vérole, la bouche fine mais tiraillée par un tic nerveux qui la faisait grimacer en parlant ; et malgré tout cela, et au milieu de tout cela, elle avait de la grâce dans ses allures, de la noblesse dans ses actions, avec infiniment d'esprit. En politique, son neveu La Fayette était son héros ; comme en philosophie, Voltaire, avec qui elle

1. *Mémoires de madame de Montagu*, par M. Callet.

était très liée, était son maître. Un jour, que pour le rencontrer dans son dernier voyage à Paris, madame de Tessé était allée en visite avec sa nièce, chez le duc de Choiseul, Voltaire entendant annoncer la marquise de La Fayette, était tombé à ses genoux dans son enthousiasme pour la brillante destinée de son mari, l'appelant le *défenseur de la cause grande et juste de la liberté des peuples*. Il fallut aider l'illustre vieillard pour se relever. Madame de Tessé contait cette anecdote à ravir. Elle était un mélange des contrastes les plus amusants.

Quoique très désintéressée, elle ne croyait guère au désintéressement des autres, et elle excellait avec une sagacité très féminine à trouver aux résolutions en apparence les plus généreuses, les motifs les plus étroits et les plus personnels; ce qui ne l'empêchait pas, avec son mépris des hommes, de vouloir avec son neveu le mode de gouvernement qui exige le plus de vertus. Elle discutait sans cesse les questions religieuses, lectrice assidue du *Dictionnaire philosophique*, elle tournait volontiers en ridicule les pratiques dévotes ; et quoique incrédule, elle ne laissait pas de faire un grand signe de croix, chaque fois qu'elle prenait médecine. Elle n'aimait pas les prêtres, mais, contradiction charmante, elle nourrissait, durant l'émigration, les pauvres prêtres déportés qui vivaient près d'elle.

Nous retrouverons la comtesse de Tessé, dans les heures mauvaises, toujours spirituelle et bonne ; mais nous avons hâte de comparer à ses doctrines, la conduite de La Fayette, depuis l'ouverture de la Constituante, jusqu'au jour où, pour soustraire sa tête à l'échafaud, il fut obligé d'abandonner l'armée qu'il commandait et de fuir la France.

XII

La Fayette ne fut pas, à proprement parler, un orateur. Sa parole élégante, fine et spirituelle n'avait rien de cette puissance qui secoue les assemblées, les fait vibrer et leur communique une direction. Il mêlait parfois à ses répliques une sorte d'ironie froide et dédaigneuse, qualité de grand seigneur qui n'est sentie et comprise que dans un salon.

Son rôle durant la Constituante fut un rôle d'action; il n'en est pas moins considérable. Pendant trois années, le prestige de La Fayette fut immense; il éclipsa la popularité de Necker et même celle de Mirabeau; il pouvait tout et et il ne voulait être qu'un honnête citoyen.

Durant toute cette période la plus importante de sa vie, il a été plus facile à ses ennemis de calomnier ses intentions, que de citer une opinion ou une action qui ne fut pas conforme aux sentiments et aux idées qu'il a toujours et invariablement exprimés. En l'envoyant siéger aux états généraux, la noblesse de la sénéchaussée d'Auvergne, par une clause postérieure à l'élection, avait fait un devoir à ses députés d'attendre la majorité de leur chambre pour se réunir à celle du tiers état. La Fayette regarda comme un malheur d'avoir été élu par les nobles de sa province; il songea même un instant à donner sa démission[1]. Membre de la minorité de la noblesse, ne partageant pas l'opinion de ses collègues d'Auvergne, il fut gêné au début par le mandat de ses commettants, et cela nous explique son silence dans les premières semaines qui précédèrent la transformation des états généraux en Assemblée nationale.

1. Voir *Correspondance*, t. II, p. 311.

C'est le 8 juillet qu'il prend pour la première fois la parole afin d'appuyer la célèbre motion de Mirabeau, tendant à l'éloignement des troupes qui entouraient l'Assemblée et menaçaient Paris. Cependant le péril croissait, le renvoi de Necker et de ses amis Montmorin et Saint-Priest avait été résolu ; un nouveau ministère avait été nommé ; on répandait le bruit que Louis XVI allait dissoudre l'Assemblée et se porter à Compiègne, lorsque le 11 juillet, La Fayette présenta le premier projet de déclaration des droits. Il demandait le renvoi à l'examen des bureaux.

Sans doute cette déclaration n'était qu'un résumé philosophique et n'avait pas un caractère pratique ; sans doute, ce décalogue de l'homme libre, comme on l'a appelé, contenait plus de phrases métaphysiques que de vraie politique ; mais ce projet avait le mérite d'être un cri de protestation contre les vieilles tyrannies et de montrer au vieux monde l'idéal des revendications.

C'est l'honneur de La Fayette d'avoir le

premier montré le but à atteindre. Sa déclaration servit de base à celle qui fut acceptée par la Constituante.

La situation devenait de plus en plus alarmante Dès le 12 juillet, des troubles violents avaient éclaté dans Paris, La Fayette demanda qu'on proclamât la responsabilité des ministres, sa motion fut accueillie. L'Assemblée se déclara en permanence jusqu'à nouvel ordre; mais comme le président, le vieil archevêque de Vienne n'avait pu résister à la fatigue, on ouvrit l'avis de nommer un vice-président; les bureaux élurent La Fayette. C'est pendant sa vice-présidence de trois jours que la Bastille fut prise. Le 15 au matin, le roi accompagné de ses frères vint, sans escorte, à l'Assemblée que, pour la première fois, il appela nationale, lui annonça l'éloignement des troupes et lui demanda son appui pour le rétablissement de l'ordre public.

A la tête d'une députation, La Fayette se rendit à l'Hôtel de Ville; son discours est ainsi résumé dans le procès-verbal.

« 15 juillet 1789.

» M. de La Fayette a félicité l'Assemblée des Électeurs et tous les citoyens de Paris de la liberté qu'ils avaient conquise par leur courage, de la paix et du bonheur dont ils seraient redevables à la justice d'un monarque bienfaisant et détrompé. Il a dit que l'Assemblée nationale reconnaissait avec plaisir que la France entière devait la constitution qui allait assurer sa félicité, aux grands efforts que les Parisiens venaient de faire pour la liberté publique.

» Il a raconté comment l'Assemblée nationale attristée de l'inutilité de deux députations qu'elle avait envoyées au roi, dans la journée du lundi 13, pour demander le renvoi des troupes, après avoir passé la nuit la plus agitée dans le lieu même des séances, venait le matin de nommer une nouvelle députation composée de vingt-quatre personnes, et chargée de porter au monarque ses alarmes et ses douleurs, lorsque le grand maître des cérémonies est venu annoncer à l'Assemblée que le roi se disposait à s'y rendre en personne...

» Il a annoncé qu'il allait faire la lecture du discours prononcé par le roi dans cette mémorable circonstance, et qu'il en déposerait copie certifiée sur le bureau pour être annexée au procès-verbal de l'Assemblée des électeurs. »

L'allocution de La Fayette et la lecture du discours de Louis XVI furent interrompues presque à chaque phrase par des applaudissements et par les cris répétés de : Vive le roi ! Vive la nation !

Cependant La Fayette ignorait encore que, dès le matin du 15 juillet, il avait été unanimement proclamé commandant général de la milice parisienne par les électeurs et une foule de citoyens. Au moment où il achevait de parler, il en fut averti par les acclamations ! Et en effet, dans ces moments de trouble et d'effroi, Moreau de Saint-Méry, président du conseil des électeurs, s'était contenté de montrer de la main, le buste de La Fayette donné en 1784 par l'État de Virginie à la Ville de Paris et placé dans la grande salle de l'Hôtel de Ville. Des vivats s'étaient élevés de toutes parts ; La Fayette était arrivé peu d'instants après. Dès qu'il eut achevé son allocution au nom de la députation de l'Assemblée nationale, toutes les voix l'acclamèrent encore commandant général de la milice parisienne ; alors, tirant son épée, il fit le serment de sacrifier sa vie à la conservation de cette liberté si précieuse dont on lui confiait la défense.

Au même moment, les mêmes électeurs proclamèrent Bailly, prévôt des marchands ; une voix se fit entendre et dit :

« Non, pas prévôt des marchands, mais maire de Paris ! »

Et par acclamation, tous les assistants répétèrent :

« Oui, maire de Paris ! »

Bailly, dont on ne peut prononcer le nom qu'avec vénération, Bailly s'inclina sur le bureau, tellement ému qu'au milieu des expressions de sa reconnaissance, on entendit seulement ces mots :

« Je ne suis pas digne d'un si grand honneur, ni capable de porter un tel fardeau... »

Le lendemain, un projet d'organisation fut arrêté par La Fayette de concert avec son ami Mathieu Dumas. Chaque bataillon comprit six compagnies de volontaires et une d'anciens soldats payés; à la cocarde bleue et rouge, couleurs de la Ville de Paris, la couleur royale, blanche, fut ajoutée. Ainsi fut formée la cocarde tricolore. En la présentant à l'Hôtel de Ville, La Fayette prononça ces mémorables paroles : « Je vous apporte une cocarde qui fera le tour du monde et une institution à la fois civique et militaire qui doit triompher des vieilles tactiques de l'Europe, et qui réduira les gouvernements arbitraires à l'alternative d'être battus s'ils ne l'imitent pas, et renversés s'ils osent l'imiter. »

Cette journée du 16 juillet avait été terrible, La Fayette l'avait employée à arracher des victimes aux fureurs populaires; c'est ainsi qu'il avait sauvé le commandant provisoire de la Bastille, Soulès, deux officiers de la division du général Falkenheim, M. de Boisgelin, l'ancien président de la noblesse aux états de Bretagne, M. de Lambert, le général Turkeim, la belle madame de Fontenay ; nous pourrions citer d'autres noms. Lors de son passage à Leipsick, étant conduit d'Olmütz à Hambourg, un étranger qui était employé par le gouvernement autrichien dans les Pays-Bas, mais que La Fayette ne reconnut pas, vint le remercier de lui avoir sauvé la vie le 16 juillet.

Un touchant incident mérite encore de ne pas être oublié. M. Frestel, l'ancien précepteur de La Fayette, à qui le général avait à son tour confié l'éducation de son fils George, avait conduit cet enfant à l'Hôtel de Ville au moment où son père s'efforçait d'arracher un prêtre, l'abbé Cordier, à la multitude armée et furieuse. La Fayette, saisissant aussitôt l'occasion de cette visite inattendue : « Messieurs, dit-il en se tournant vers la foule, j'ai l'honneur de vous présenter mon fils. »

Il y eut un moment d'effusion et de surprise pendant lequel les amis du général, qui l'entouraient, parvinrent à mettre le pauvre abbé en sûreté.

Ce fut le lendemain 17, que La Fayette, à la tête des citoyens armés des soixante districts, reçut Louis XVI qui se rendait sans garde de Versailles à Paris; il lui adressa, à moitié chemin, quelques paroles respectueuses qui contribuèrent à faire cesser ses craintes. Il ne monta à l'Hôtel de Ville que pour assurer au roi un libre passage; alors Louis XVI lui dit [1] : « M. de La Fayette, je vous cherchais pour vous faire savoir que je confirme votre nomination à la place de commandant général de la garde parisienne. »

Le commandement de la garde nationale lui ouvrait une carrière nouvelle. Après avoir défendu la liberté, il allait avoir l'ordre public à défendre; fort de sa popularité, il assumait une tâche peut-être au-dessus des forces

---

1. Voir Ch. Duveyrier, *Histoire des premiers électeurs de Paris*.

d'un homme, celle de contenir une immense population désœuvrée, exaltée jusqu'à l'enivrement et remuée jusqu'à la lie. Il s'y dévoua courageusement, arrêtant de sa propre main les assassins.

Bien qu'il eût été acclamé commandant général, il ne voulut pas moins soumettre sa nomination à la délibération régulière des électeurs des districts, le résultat fut un vote unanime confirmant les acclamations. Par une lettre du 21 juillet, le roi autorisait les gardes françaises et les soldats des divers régiments qui avaient quitté les drapeaux à entrer dans les compagnies soldées de la garde nationale de Paris [1].

Dans les premiers jours qui suivirent la prise de la Bastille, l'état de Paris était effrayant : la population de la ville et des villages environnants, armée de tout ce qui s'était rencontré sous sa main, s'était accrue de six mille soldats qui s'étaient réunis à la cause

---

1. *Mémoires*, t. II, p. 272.

de la Révolution. Ajoutez-y quatre à cinq cents gardes suisses, six bataillons de gardes françaises sans officiers, la capitale dénuée de provisions, toute l'autorité, toutes les ressources de l'ancien gouvernement détruites ou sans force, les magistrats soupçonnés ou malveillants, les agents de l'ancien régime et les démagogues poussant au désordre, les uns pour se rendre nécessaires, les autres pour faire le mal; et, pour calmer tous ces éléments agités, ni organisation militaire, ni organisation administrative! Tout s'écroulait; l'ordre public n'était défendu que par la bourgeoisie armée, dans chacun des soixante districts, et, à l'Hôtel de Ville, par des électeurs qui, sans autre droit que leur patriotisme, avaient heureusement saisi les rênes de l'administration.

La Fayette ne fut pas longtemps aussi heureux que les premiers jours; il n'eut d'abord d'autre moyen d'influence que son ascendant personnel. Ses efforts ne furent pas suffisants pour empêcher les crimes de la journée du 22 juillet.

On avait conduit, en son absence, à l'Hôtel de Ville, l'ancien ministre Foulon[1], et on lui imputait ce propos invraisemblable, que : « Le peuple serait trop heureux si on lui donnait du foin à manger. » La rage de la multitude contre ce malheureux était inexprimable. Il ne restait plus aucun moyen de suspendre les colères frénétiques de la foule, lorsque des cris redoublés annoncèrent La Fayette; à son aspect le silence le plus profond succède au tumulte. Il avait vite compris que le seul moyen de sauver Foulon était d'obtenir qu'il fût conduit en prison. « Vous voulez, s'écria-t-il, faire périr sans jugement cet homme qui est devant vous! C'est une injustice qui vous déshonorerait, qui me flétrirait moi-même, qui flétrirait tous les efforts que j'ai faits en faveur de la liberté, si j'étais assez faible pour la permettre. Je ne la permettrai pas, cette injustice: mais je suis loin de prétendre le sauver, s'il est coupable. Je veux seulement que cet homme soit conduit

---

1. *Procès-verbal des électeurs et Mémoires de La Fayette*, t. II, p. 275.

en prison pour être jugé par le tribunal que la nation indiquera ; je veux que la loi soit respectée, la loi sans laquelle je ne contribuerais pas à la Révolution qui se prépare. Aussi, je vais ordonner que M. Foulon soit conduit dans l'abbaye de Saint-Germain. »

Les paroles de La Layette avaient fait une grande impression sur ceux qui avaient été à portée de les entendre. Foulon lui-même voulut parler ; mais on ne put discerner que des paroles entrecoupées. Des clameurs furieuses montaient de la place de l'Hôtel de Ville. Par trois fois, La Fayette reprit la parole ; toujours il produisait quelque effet, lorsqu'une foule nouvelle vint presser la foule qui remplissait déjà la grande salle. C'était, criait-on, le Palais-Royal et le faubourg Saint-Antoine qui venaient enlever le prisonnier ; le flot se porte vers le bureau ; la chaise sur laquelle était assis Foulon s'ébranle, est renversée ; La Fayette prononce une dernière fois cet ordre : « Qu'on le conduise en prison ! » La multitude applaudissait, lorsque Foulon eut la funeste idée d'applaudir lui-même. Une voix s'écrie : « Voyez ! Ils s'entendent ! » A ces mots, Foulon est arraché aux mains des électeurs qui l'entouraient et cherchaient à le garantir. Il est entraîné et massacré à la Grève, sans qu'il y eût, pour La Fayette, la possibilité physique non seulement de le protéger, mais même de se faire entendre[1].

Le même jour, on ramenait à Paris le gendre de Foulon, Berthier, intendant de la capitale. La municipalité avait envoyé une escorte au-devant du prisonnier, arrêté à Compiègne, pour le garantir contre la fureur du peuple. Cette mission fut remplie avec intelligence et fermeté par le commandant d'Hermigny que La Fayette avait désigné. Bailly et le conseil des électeurs reçurent Berthier à l'Hôtel de Ville; l'exemple de Foulon avait appris qu'il ne fallait pas compter sur les ressources de la raison et de l'éloquence. Il n'y

---

1. Bailly était absent. Le discours cité par Montlosier dans ses *Mémoires* est tiré du journal *l'Ami du Roi* et est absolument faux.

avait pas même encore de signes extérieurs auxquels on pût reconnaître les nouveaux dépositaires de l'autorité publique. La Fayette était encore sans costume et inconnu à une partie de la multitude.

Dans cet état de choses, Bailly ordonna que Berthier fût conduit en prison, motivant cette mesure sur la nécessité de l'interroger judiciairement afin d'obtenir de lui-même l'aveu de ses complices. L'essentiel était de gagner du temps. Berthier fut donc mis sous la garde des volontaires qu'on put réunir et qui devaient le conduire à la Conciergerie ; mais rien ne put empêcher un homme de la foule de lui tirer un coup de pistolet ; et cependant dans son pamphlet publié à Liège en 1792, Rivarol accuse La Fayette de ces deux crimes ; il feint d'ignorer son indignation et sa douleur [1].

Dès le lendemain du 22 juillet, affligé des scènes horribles qu'il n'avait pu empêcher, il donne sa démission de commandant de la

---

1. *La vie politique et la fuite de La Fayette*, par Rivarol.

garde nationale et il écrit à Bailly la lettre suivante :

« Monsieur, appelé par la confiance des citoyens au commandement militaire de la capitale, je n'ai cessé de déclarer que dans la circonstance actuelle, il fallait que cette confiance, pour être utile, fût entière et universelle; je n'ai cessé de dire au peuple qu'autant j'étais dévoué à ses intérêts jusqu'au dernier soupir, autant j'étais incapable d'acheter sa faveur par une injuste complaisance. Le peuple n'a pas écouté mes avis; le jour où il manque à la confiance qu'il m'avait promise, je dois, comme je l'ai dit d'avance, quitter un poste où je ne peux plus être utile. »

La lettre aux districts écrite dans le même esprit, les priait de ne pas tarder à rendre La Fayette à lui-même, en s'occupant immédiatement de le remplacer.

La résolution de La Fayette, qui était la plus courageuse protestation contre les assassinats, consterna et effraya la municipalité[1]. Tous ses membres se transportèrent au bureau des subsistances où La Fayette était encore en conférence avec Bailly; ils l'entourèrent, le supplièrent. Le général répondit que les exécutions sanglantes et illégales de la veille, et l'impossibilité dans laquelle il s'était trouvé de les empêcher, l'avaient trop convaincu qu'il n'était pas l'objet d'une confiance universelle. Comme dit Gouverneur Morris, il avait plus d'autorité qu'il n'en voulait et il était déjà las.

La *Correspondance* de La Fayette montre à nu l'état de son âme[2].

« Ils se sont jetés à genoux, ont pleuré, ont juré de m'obéir en tout. Que faire? Je suis au désespoir. On me prépare des calomnies atroces. La populace est conduite par des mains invisibles; il a fallu lui faire espérer que je resterais pour la tranquillité de la nuit. Je ne puis

---

1. *Procès-verbal des électeurs*, 23 juillet.
2. *Correspondance*, p. 320 et suivantes.

abandonner des citoyens qui mettent en moi toute leur confiance, et si je reste, je suis dans la terrible situation de voir le mal sans y remédier. »

Il céda enfin à la bienveillante violence qui lui fut faite par les députations des districts ayant à leur tête le vénérable curé de Saint-Étienne-du-Mont. Une déclaration signée de tous les électeurs et délégués présents, fut imprimée et affichée comme étant l'expression du vœu de tous les citoyens de la capitale. Promesse était faite de subordination et d'obéissance à tous les ordres du général « pour que son zèle, secondé par tous les patriotes, conduise à sa perfection le grand œuvre de la liberté publique ». Une seule personne constamment inquiète et troublée regretta que La Fayette eût repris sa démission, et ne se contentât pas du bonheur domestique, c'était sa femme.

A vrai dire, le général fut vraiment, à ce moment-là, le roi de Paris. Sa popularité était telle qu'on en référait à lui pour toutes les décisions quelles qu'elles fussent ; il fut obligé de limiter lui-même ses pouvoirs dans une lettre aux présidents des districts, du 29 juillet. Mais si son impression sur ces odieux attentats et ceux qui suivirent, a (ainsi qu'il le dit, et il faut le croire) trompé son zèle et profondément affligé son cœur, cette impression d'honnête homme ne troubla pas alors son optimisme politique ; le charme ne cessa que plus tard, lorsque le 10 Août et l'assassinat de son ami La Rochefoucauld déchirèrent le rideau.

L'assemblée des représentants de la Commune de Paris s'étant réorganisée à raison de deux députés par district[1], Bailly raconte que La Fayette (25 juillet) prononça le serment de remplir fidèlement les fonctions de commandant général, et de ne jamais oublier que le pouvoir militaire est soumis au pouvoir civil. Aussitôt les membres de l'Assemblée lui jurè-

1. *Mémoires de Bailly.*

rent de leur côté, sans qu'il le demandât, soumission aux ordres qui seraient dictés par l'amour du bien public; immédiatement après le bon Bailly dit à l'Assemblée qu'il y avait un troisième serment à prêter entre La Fayette et lui, celui de s'aimer toujours; et pour ajouter un tableau de plus à la sensibilité du xviiie siècle, ils s'embrassèrent à la grande satisfaction des représentants de la Commune « qui sentirent combien cette union des deux chefs pouvait être utile à la chose publique ».

Cependant, à la fausse nouvelle de l'arrivée des brigands, répandue de proche en proche, avec la rapidité de l'éclair, la France s'était levée en masse[1]. L'Hôtel de Ville à Paris était encombré de députations, accourues de toutes les provinces, demandant des ordres aux chefs de la capitale; d'autre part, les intrigues des factions se multipliaient. Plusieurs fois au milieu de la disette de farine qui alarmait le peuple, on portait à La Fayette des billets où

---

1. *Mémoires de La Fayette*, t. II, p. 285.

sa signature était imitée et par lesquels il était défendu aux meuniers de moudre pour la capitale. Les journaux et mémoires du temps rendent compte des mouvements quotidiens et des motions révolutionnaires dont les principaux foyers étaient au Palais Royal ou dans les faubourgs, et qui, nuit et jour, exigeaient l'intervention et les harangues du commandant général. La confiance momentanée dans son courage pour sauvegarder l'ordre public était telle, qu'il lui eût été impossible dans ces premiers mois, de quitter Paris sans exciter l'alarme des personnes de toutes les opinions.

L'assemblée de l'Hôtel de Ville lui avait voté un traitement de cent vingt mille livres et une indemnité considérable ; La Fayette repoussa cette proposition :

« Dans un moment, dit-il, où tant de citoyens souffrent, où tant de dépenses sont nécessaires, il me répugne de les augmenter inutilement. Ma fortune suffit à l'état que je tiens et mon temps ne suffirait pas à plus de représentation. »

L'assemblée insista; il fit alors cette décisive réponse :

« En persistant dans mon refus, je n'affecte pas une fausse générosité ; je serais disposé non seulement à accepter, mais même à solliciter du peuple à qui j'ai consacré ma fortune et mon sang, les indemnités de mes dépenses, si cette même fortune ne me mettait pas au-dessus du besoin. Elle était considérable, elle a suffi à deux révolutions ; et, s'il en survenait une troisième pour le bonheur du peuple, elle lui appartiendrait tout entière. »

La troisième, un jour, survint (juillet 1830); la générosité de La Fayette était restée la même et sa fortune personnelle disparut.

Avec ces préoccupations incessantes d'ordre public, il ne lui était pas possible d'être assidu aux séances de l'Assemblée constituante. Il ne put même aller discuter à Versailles le projet de déclaration des droits qu'il avait déposé. Il ne prit même part à la belle séance du 4 Août que par ses vœux et son assentiment. Il est un point cependant sur lequel son intervention fut nécessaire : nous voulons parler de la réforme des lois criminelles qu'il avait soulevée à l'assemblée des notables. Il fit même émettre un vœu favorable par la municipalité de Paris, malgré Bailly qui redoutait que pendant cette transformation le cours de la justice ne fût suspendu « et que l'impunité eût l'air de s'établir, en proportion de la licence ».

Ce fut à cette époque, avant le 6 octobre, que La Fayette reçut la visite de Montmorin avec lequel il avait été lié; ami personnel du roi, Montmorin éprouvait de vives craintes des menées du duc d'Orléans. Pour mieux s'assurer de l'assentiment de La Fayette, il alla jusqu'à lui offrir non seulement d'être connétable, mais d'être lieutenant général du royaume. La Fayette répondit « que ces honneurs et ces titres n'ajouteraient rien à son crédit, ni à la détermination où il était de défendre Louis XVI contre les attentats du duc d'Orléans ». Il fit part de ces propositions à madame de La Fayette; elles sont mentionnées dans les *Mémoires* du général qui confirme sur ce point ce qu'a écrit M. de Bouillé : « La Fayette ne changea rien à sa ligne politique. »

XIII

Il faut se rappeler que, dès le mois de juin 1789 [1], la ville de Paris souffrait d'une disette moitié réelle, moitié factice. Approvisionner Paris pendant la première année de la Révolution, fut le tourment de Bailly et du commandant général; ce fut aussi la principale ressource des intrigues et des ambitions. Le peuple était, dans ces moments d'angoisse, incapable de discerner la ligne de démarcation qui séparait le pouvoir législatif du gouvernement proprement dit. Il devint facile de per-

1. *Mémoires*, t. II, p. 334.

suader à la multitude que l'Assemblée nationale avait la puissance de ramener l'abondance et qu'il suffirait pour obtenir du pain, de lui en demander. Personne n'ignorait cet état des esprits dont le principal danger était de favoriser l'audace des factions, La Fayette en avait avisé par un billet, le ministre, M. de Saint-Priest. Divers attroupements ayant le projet de porter les plaintes à Versailles avaient déjà été dispersés. La Fayette avait cru utile de faire occuper des passages sur la route, mais des députés furent les premiers à se plaindre de ces précautions, comme si la supposition du danger eût été un moyen d'influence. Il avait fallu retirer les postes.

Au milieu des avis, antérieurs au 6 octobre, qui arrivèrent à la municipalité de Paris et à l'état-major de la garde nationale, les plus sérieux, d'après le témoignage de La Fayette, établissaient qu'il existait une intrigue des adversaires de la Révolution, pour effrayer le roi et l'obliger, malgré sa vive répugnance, à se rendre à Metz.

Toutes les passions étaient donc surchauffées, lorsque le 5 octobre, au matin, le tocsin sonna dans les églises de Paris.

Ces deux journées, du 5 et du 6, ont été l'occasion d'attaques si violentes contre La Fayette, et parmi ceux qui l'ont accusé de faiblesse ou de trahison il est des personnages d'une telle autorité, qu'il convient d'examiner ce que la critique doit retenir de ces accusasations. On connaît le mot de Rivarol : « C'est le général Morphée. » Il en est d'autres plus injurieux.

La Fayette a écrit deux récits de ces journées. Il avait même conservé quelques-unes des lettres adressées « au généreux sauveur à qui tous et chacun doivent la vie ». Elles ont été brûlées à Chavaniac pendant la Terreur, par madame de La Fayette; mais[1] l'histoire de Toulongeon et les documents qui y sont annexés, corroborent sa narration et ne laissent subsister aucun doute sur la conduite

---

1. Voir Toulongeon, ancien constituant : *Histoire de France depuis la Révolution*, t. 1er.

irréprochable du commandant général. Quand on a vécu plusieurs années dans la vie politique, on s'explique toutes les calomnies intéressées des partis.

Dès le matin du 5, l'affluence du peuple croissant toujours couvrait la Grève, les quais et les rues adjacentes; La Fayette s'était rendu à l'Hôtel de Ville. D'accord avec Bailly, il se hâte d'expédier des courriers aux ministres, les informant des progrès de l'émeute qui venait de substituer au cri : *Du pain!* celui de : *Allons à Versailles!* Il descend sur la place, déclare qu'il n'ira point à Versailles et défend à la garde nationale de partir. La fermentation devient extrême, mais depuis neuf heures du matin jusqu'à quatre heures de l'après-midi, la détermination du général est immuable. Pendant huit heures, ses paroles ont assez de puissance pour retenir l'effervescence de la multitude qui l'entoure, et aussi la patience de la garde nationale indignée des injures prodiguées à ses couleurs. Vingt fois La Fayette est couché en joue.

Entre quatre et cinq heures, on reçut avis qu'une troupe composée en grande partie de femmes avait marché en avant, et qu'elle allait être suivie de plusieurs milliers d'hommes armés de fusils, de piques, avec deux ou trois canons. Alors La Fayette, après avoir reçu un ordre de l'Hôtel de Ville, après s'être fait adjoindre deux commissaires, prit la route de Versailles à la tête de plusieurs bataillons. « Tel était, dit-il, le sentiment général d'indignation qui animait Paris et les gardes nationaux contre les premiers provocateurs de ces désordres, que lorsqu'il eut donné l'autorisation de partir, il fut couvert d'acclamations sur son passage, particulièrement par les personnes élégantes qui bordaient la terrasse des Tuileries. »

La Fayette, avant d'arriver à Versailles, avait expédié un commandant d'artillerie avec un officier général pour annoncer au château ses dispositions ; le roi lui fit dire qu'il voyait son approche avec plaisir.

Près de la salle de l'Assemblée, il arrêta

ses troupes et leur fit renouveler le serment civique à la Nation, à la Loi et au Roi. Il offrit ses respects au président, puis voulant prendre les ordres de Louis XVI, il se présenta avec les deux commissaires de la Commune, à la grille fermée de la cour du château, pleine de gardes suisses. On refusa d'ouvrir ; et lorsqu'il eut annoncé l'intention d'entrer avec ses deux compagnons, le capitaine qui parlementait exprima son étonnement de les voir seuls. « Oui, monsieur, répondit à haute voix La Fayette, je me trouverai toujours avec confiance au milieu du brave régiment des gardes suisses. » La grille s'ouvrit et le commandant général entra au château.

Au moment où il traversait l'OEil-de-Bœuf, quelqu'un s'écria :

— Voilà Cromwell !

— Monsieur, répondit La Fayette, Cromwell ne serait pas entré seul.

En se reportant à l'ancien régime, on sentira (c'est une observation fort juste de La Fayette) qu'il ne pouvait exiger qu'on plaçât ses troupes dans le château ou qu'il prît en personne le commandement des gardes du corps. C'était tellement impossible, que, s'étant présenté pour les nécessités du service, dans un appartement où, selon les règles de l'étiquette, on ne pouvait pénétrer sans une faveur particulière, un officier s'avança et lui dit sérieusement :

— Monsieur, le roi vous accorde les entrées du cabinet.

Toutes les accusations se résument dans ce seul fait : que vers la fin de la nuit, il s'était endormi. M. de la Marck raconte que l'abbé de Damas et lui eurent la curiosité de monter vers minuit dans les appartements du château, qu'en entrant dans la pièce qui précède l'Œil-de-Bœuf, ils aperçurent La Fayette causant à voix basse avec le marquis d'Aguesseau, major des gardes du corps; M. Jauge, banquier à Paris, aide de camp de La Fayette était en tiers.

Nous laissons la parole au comte de la Marck.

« Nous étions là, depuis un quart d'heure[1] lorsqu'un garde du corps arriva tout effaré et parla à l'oreille de M. d'Aguesseau. Celui-ci s'adressant aussitôt à M. de La Fayette, lui dit tout haut :

— Monsieur le marquis, ce que j'ai eu l'honneur de vous prédire, se réalise : le peuple marche sur l'hôtel des gardes du corps et menace de l'attaquer. Il est urgent que vous vous y rendiez pour rétablir l'ordre.

La Fayette assura qu'il avait donné des ordres suffisants pour le maintien de la tranquillité et ajouta, qu'il était accablé de fatigue et avait besoin d'aller prendre du repos. Le marquis d'Aguesseau insista; alors La Fayette céda, prit l'abbé de Damas et moi chacun sous son bras et nous descendîmes ainsi l'escalier qui conduit à la cour des Princes; j'y aperçus ma voiture. La Fayette me demanda de le conduire jusqu'à l'hôtel des gardes du corps; l'abbé de Damas nous quitta. A peine fûmes-nous sortis

1. *Correspondance de Mirabeau et de La Marck*, tome Ier, introduction.

de la cour des Princes et entrés dans la cour des Ministres, que ma voiture fut arrêtée par un groupe de gens du peuple ivres, armés de piques et poussant de grands cris. La Fayette met la tête à la portière, se fait connaître et leur dit :

— Mes enfants, que voulez-vous?

— Nous voulons la tête des gardes du corps!

— Et pourquoi?

— Ils ont insulté la cocarde nationale; ils ont marché dessus; il faut les en punir!

— Je vous le dis encore : Restez tranquilles. Fiez-vous à moi! Tout va bien.

Il leur fit donner trois écus par M. Jauge. Alors ils cessèrent de crier et nous laissèrent passer... Je le conduisis jusqu'à cent pas de la grande grille, où il descendit de voiture; et sans m'arrêter davantage, je rentrai chez moi. M. de La Fayette a donc bien été informé de tout ce jour-là. A-t-il fait ensuite ce qu'il devait? »

Ce que le comte de la Marck ne dit pas,

parce qu'il ne pouvait le savoir, c'est que La Fayette[1] après l'avoir quitté, était allé s'assurer que l'hôtel des gardes du corps était défendu par un bataillon. Il ordonna des patrouilles dans la ville et autour du château. La porte du roi lui fut refusée à deux heures du matin ; c'est alors seulement qu'il se rendit chez M. de Montmorin, logé dans la cour des Ministres.

« Je tiens de M. de Montmorin ce que je vais raconter (reprend M. de la Marck). Voyant entrer M. de La Fayette, il le questionna sur l'état de la ville et du château. La réponse du marquis fut que tout était prévu, que l'ordre ne serait point troublé, et qu'accablé de fatigues et ne pouvant plus se tenir sur ses jambes, il allait prendre quelques heures de repos. » En effet, vers le point du jour, tout lui paraissant tranquille, il se rendit à l'hôtel de Noailles, très voisin du château où l'état-major recevait les rapports, il prescrivit des dispo-

---

1. *Mémoires*, tome II, page 348.

sitions urgentes pour Paris et après plus de vingt heures d'épuisement, il se disposait à réparer un peu ses forces, lorsqu'une alarme subite les lui rendit. Il était six heures du matin.

Le récit de La Fayette est trop vivant pour que nous ne le transcrivions pas. « Elle fut bien subite cette infernale irruption[1] tout à fait à part des autres mouvements. Deux gardes du corps furent tués; d'autres braves et fidèles gardes arrêtèrent quelque temps les brigands à la porte de la reine qui fut conduite chez le roi par le jeune vicomte Maubourg, un de leurs officiers. Les grenadiers de mon premier poste, commandés par Cadignan, ayant avec lui Cathol, depuis colonel et son sergent-major d'alors, l'illustre général Hoche, étaient à peine en bataille lorsqu'ils reçurent mon ordre de courir au château. Il s'y porta aussi très rapidement une compagnie de volontaires, sous le capitaine Gondran. J'accourus en même temps

---

1. *Mémoires*, tome II, page 348.

et je sautai sur le premier cheval que je rencontrai; j'eus d'abord le bonheur de dégager un groupe de gardes du corps et les ayant confiés au peu de monde qui m'entourait, je restai environné de furieux dont l'un cria aux autres de me tuer. J'ordonnai de le saisir; sans doute d'un ton imposant, car ils le traînèrent vers moi, frappant sa tête contre le pavé. Je trouvai les appartements occupés par la garde nationale. Le roi a daigné ne jamais oublier la scène où les grenadiers me promirent les larmes aux yeux, de périr jusqu'au dernier, pour lui. Pendant ce temps, nos troupes arrivaient; es cours furent bordées par la garde nationale et remplies par une multitude effervescente. Ceux qui m'entendirent lui parler ne furent pas mécontents de moi. »

Ce récit n'a pu être démenti. Les pièces de la procédure qui fut ouverte, les lettres qui furent écrites alors, confirmèrent toutes les assertions de La Fayette. Ce ne fut que vingt-cinq ans plus tard, devant les luttes de la Restauration, que les passions essayèrent de refaire l'histoire avec des mémoires volontairement inexacts, et des écrits faits après coup.

Au moment même où les faits s'accomplirent, les gardes du corps disaient partout : « M. de La Fayette nous a sauvés[1] » ! Mais ce qui se passa ensuite donne à la scène un caractère saisissant : le roi et sa famille après avoir promis de venir à Paris, s'étaient retirés du balcon.

— Madame, dit La Fayette à la reine, quelle est votre intention personnelle ?

— Je sais le sort qui m'attend, répondit-elle avec magnanimité ; mais mon devoir est de mourir aux pieds du roi et dans les bras de mes enfants.

— Eh bien, madame, venez avec moi.

— Quoi ! seule sur le balcon ? N'avez-vous pas vu les signes qui m'ont été faits ?

» Et en effet, ils étaient terribles.

— Oui, madame, allons-y. »

En paraissant avec Marie-Antoinette en face

---

1. *Mémoires*, t. II, p. 351 ; et Toulongeon, *Lettres de Bérard*.

de ces vagues humaines qui mugissaient encore au milieu d'une haie de gardes nationaux qui garnissaient les trois côtés de la cour, La Fayette ne pouvant se faire entendre, eut une inspiration sublime, digne du parfait gentilhomme qu'il était, il plia le genou et baisa la main de la reine. La multitude éblouie comprit la délicatesse, avec l'instinct des masses, elle cria : « Vive le général et vive la reine ! »

Louis XVI dont la bonté était sans pareille, s'avançant à son tour sur le balcon dit à La Fayette avec un accent particulier d'émotion : « A présent, que pourriez-vous faire pour mes gardes ? — Amenez-m'en un, répondit le général. « Et avec une présence d'esprit admirable, il donne devant cette foule haletante, la cocarde tricolore à ce garde du corps et il l'embrasse. Le peuple crie : Vivent les gardes du corps ! »

Dès ce moment la paix fut faite : les gardes nationales et les gardes du corps prirent la route de Paris se tenant sous le bras. Quelques-uns avaient été arrêtés par la foule et leur vie se trouvait en danger ; le roi s'en émut. La Fayette se hâta de donner des ordres et de les faire relâcher.

La famille royale se mit en route pour Paris. La Fayette était à côté de la voiture de Louis XVI qu'il accompagnait à cheval, faisant les plus grands efforts pour éloigner les outrages. On a écrit que les têtes des deux malheureux gardes du corps avaient été portées devant la voiture. Le fait est faux. « Il est déjà assez horrible, dit La Fayette que des brigands aient pu s'échapper avec les infâmes trophées de leurs crimes. L'autorité publique les avait fait disparaître avant que le roi eût quitté Versailles. »

On sait l'accueil que fit à la famille royale la population parisienne, les paroles de Bailly, l'à-propos plein de grâce de la reine, et comment La Fayette ramena le cortège au palais des Tuileries ; mais ce qu'on sait moins, c'est que madame Adélaïde, la tante de Louis XVI[1],

1. *Mémoires*, t. II, p. 344.

embrassa le général et lui dit : « Je vous dois plus que la vie ; je vous dois celle du roi, mon pauvre neveu. » On oublie aussi que la famille royale entrant à l'Hôtel de Ville, La Fayette sentit une main presser la sienne avec un mouvement de vive reconnaissance, c'était celle de madame Élisabeth ; et dans la suite cette généreuse princesse le fit prévenir de retirer une lettre écrite de Versailles à la Commune de Paris « trouvant infâme, disait-elle, de tourner contre lui une circonstance où il leur avait sauvé la vie ». On juge bien que La Fayette répondit qu'il était fort touché du procédé, mais que la lettre resterait à sa place. Le roi et la reine ont reconnu qu'ils lui avaient alors dû leur salut.

Le rôle de La Fayette dans les célèbres journées des 5 et 6 octobre 1789 nous semble donc être au-dessus des accusations et des injures.

XIV

Nous n'écrivons pas l'histoire de la Révolution française ; et les mille petits faits qui intéressent l'historien, du mois de mai 1789 à la fin de la Constituante, ne pourraient être relevés par nous, qu'au détriment de la clarté et de la précision de notre étude. Ce que nous voulons déterminer, c'est la ligne de conduite de La Fayette à travers les événements principaux auxquels il a été mêlé. Ne pas s'expliquer sur ses rapports avec Mirabeau, est donc impossible ; c'est surtout après le 6 octobre jusqu'à la fédération, que leurs rapports furent fréquents.

Le grand orateur avait débuté par être fort aimable pour le commandant général, lorsque le 19 octobre, anniversaire de la capitulation de Cornwallis à York-Town en 1781, La Fayette et Bailly, avec une députation de la Commune, se présentèrent à la barre de l'Assemblée pour lui offrir leurs respects ; Mirabeau avait pris la parole, et avec une merveilleuse éloquence, il avait élevé la question :

« Je vous propose, avait-il dit, de voter des remerciements à ces deux citoyens, pour l'étendue de leurs travaux et leur infatigable vigilance.... Ne craignons donc point de marquer notre reconnaissance à nos collègues, et donnons cet exemple à un certain nombre d'hommes qui, imbus de notions faussement républicaines, deviennent jaloux de l'autorité au moment même où ils l'ont confiée ; et, lorsqu'à un terme fixe, ils peuvent la reprendre ; qui ne se rassurent jamais, ni par les précautions des lois, ni par la vertu des individus; qui s'effraient sans cesse des fantômes de leur imagination;

qui ne savent pas qu'on s'honore soi-même en respectant les chefs qu'on a choisis ; qui ne se doutent pas assez que le zèle de la liberté ne doit pas ressembler à la jalousie des places et des personnes ; qui accueillent trop aisément tous les faux bruits, toutes les calomnies, tous les reproches. Et voilà comment l'autorité légitime est énervée, dégradée, avilie ! comment l'exécution des lois rencontre mille obstacles ; comment la défiance répand partout ses poisons ; comment au lieu de présenter une société de citoyens qui élèvent ensemble l'édifice de la liberté, on ne ressemblerait plus qu'à des esclaves mutins qui viennent de rompre leurs fers et qui s'en servent pour se battre et se déchirer mutuellement. »

Quelles admirables paroles dignes d'un homme d'État, et comme elles sont toujours vraies après un siècle d'efforts et de luttes !

Cette bienveillance de Mirabeau pour La Fayette fut de courte durée. Le départ pour Londres du duc d'Orléans, départ que le commandant général exigea, avait irrité Mirabeau[1]. Il ne voulait pas que La Fayette, tout-puissant alors, fût sans contre-poids, et il pensait que sa prépondérance serait singulièrement affermie, le duc d'Orléans étant éloigné de Paris. Mirabeau avait conseillé au prince, par l'intermédiaire du duc de Lauzun, de ne pas se soumettre à celui qu'il appelait le maire du palais; il se proposait même de prendre la parole si le duc d'Orléans voulait se rendre à l'Assemblée. On sait qu'il partit pour Londres, et Mirabeau indigné tint alors ce propos violent et souvent répété : « On prétend que je suis de son parti ; je ne voudrais pas de lui pour mon valet. »

Quelles que fussent ses antipathies, il ne s'était pas dissimulé cependant que la popularité et la position de La Fayette ne missent tout ambitieux dans l'obligation de compter avec lui ; il chercha donc les occasions d'un rapprochement, et l'on peut lire dans sa *Corres-*

1. *Correspondance de Mirabeau avec M. de la Marck* et *Mémoires* de Malouet.

pondance avec le comte de la Mark deux lettres (particulièrement celle du 1er décembre 1789) qui constatent les tentatives d'un accord. « Il fallait écarter La Fayette ou le mettre dans l'impuissance de nuire, et l'un ou l'autre était à peu près impossible. Toute la France était à ses pieds, l'Assemblée elle-même, la seule autorité qui eût pu balancer la sienne, le regardait comme son protecteur, et comme le plus solide appui de la Révolution qu'elle voulait continuer. »

La Fayette fit la sourde oreille. Mirabeau lui adressa alors la lettre du 1er juin 1890; cette lettre ne trouva pas La Fayette plus traitable. Tout en reconnaissant son génie oratoire, sa haute intelligence politique, il avait une entière répugnance pour le caractère de Mirabeau : ses continuelles demandes d'argent, dont le général était le confident, le lui rendaient suspect; il le confesse dans ses *Mémoires*[1]. Il eut des torts avec Mirabeau « dont l'immo-

---

1. Voir page 365, tome II.

ralité le choquait ». Quelque plaisir qu'il trouvât à sa conversation et malgré son admiration, il ne pouvait s'empêcher de lui témoigner « une mésestime qui le blessait ».

Il n'eût guère été possible d'ailleurs que ces deux hommes eussent marché longtemps ensemble. L'un, formé uniquement par le spectacle de la Révolution américaine, rêvait une monarchie démocratique avec des institutions républicaines; l'autre, au contraire, dont la science politique était profonde, qui avait tout étudié et qui avait réfléchi sur tout, avait des principes monarchiques très prononcés qu'il ne déguisait pas, chaque fois qu'il pouvait les exprimer, sans compromettre sa popularité.

Mirabeau, dans ses conversations, ne cessait de poursuivre le général de ses propos mordants; et l'on prête à La Fayette cette parole dite à Frochot, et qui nous paraît, au moins dans sa forme, contraire à la modestie de celui qui l'aurait prononcée : « J'ai vaincu le roi d'Angleterre, dans sa puissance; le roi de France, dans son autorité; le peuple, dans sa fureur ; certainement, je ne céderai pas à Mirabeau. »

Sans doute, il est à regretter que les deux personnages les plus importants de la Constituante n'aient pu s'entendre. Mais se seraient-ils complétés? Auraient-ils dirigé la Révolution comme ils l'eussent voulu? Jusqu'à la dernière heure, Mirabeau s'obstina à voir dans son rival d'influence un futur dictateur, une sorte de Monk [1]. Or, personne n'a plus hautement que La Fayette témoigné son mépris pour la conduite et le caractère de Monk. Toutes les fois qu'on a fait à dessein, devant lui, l'éloge de ce personnage, il s'est exprimé sur ce sujet de la manière la plus énergique. Ainsi, le 23 janvier 1790, tandis qu'il présentait les députés de la garde nationale de Clermont en Auvergne à la municipalité de Paris, celle-ci voulait écrire à toutes les municipalités du royaume, afin de les engager à réunir, sous les ordres d'un même chef,

1. Voir note remise au roi par Mirabeau sur La Fayette. *Correspondance avec M. de la Marck.*

toutes les gardes nationales pour la défense de la constitution. « Suspendez ce mouvement qui m'honore, dit La Fayette à l'abbé Fauchet, auteur de la motion, n'offrons aucun exemple, aucun prétexte, aucune ressource à l'ambition. Quant à moi, ajouta-t-il, le vœu que je porterai à l'Assemblée nationale sera pour que jamais le commandement de deux départements ne puisse être réuni sur la même tête. »

Tous les papiers et lettres de La Fayette qui furent trouvés dans l'armoire de fer et imprimés plus tard par ordre de la Convention, établissent la rectitude de cette ligne de conduite. Ainsi quelques jours après la rentrée de Versailles à Paris, Louis XVI lui avait demandé une note particulière sur ce qu'il croyait devoir être fait par l'Assemblée et le conseil des ministres, en conservant au roi le plus d'autorité qui pût s'allier avec l'intérêt national. La Fayette, dans le mémoire confidentiel qu'il lui adressa, document incomplet, exprime le vœu que l'acte constitutionnel soit achevé à l'époque de la grande fédération de 1790, dont l'effet aurait été ainsi plus important; et sa conclusion est qu'aussitôt la constitution terminée et la Constituante remplacée par l'Assemblée législative, il rentrera dans la retraite comme un simple citoyen. Imiter la conduite de Washington hantait son cerveau et était son idéal. Dans ses lettres au roi, le sentiment est le même. Il lui écrit le 20 février 1790, à l'occasion de l'acceptation solennelle par Louis XVI de tous les décrets qui servaient de base à la constitution :

« Sire, je mets aux pieds de Votre Majesté la reconnaissance d'un cœur pur et sensible qui sait apprécier ses bontés et répondre à sa confiance. Croyons, Sire, que vos intentions bienveillantes seront remplies. Quand le peuple et le roi font cause commune, qui pourrait prévaloir contre eux? Je jure du moins à Votre Majesté que si mon espoir était trompé, la dernière goutte de mon sang lui assurerait ma fidélité. »

Dans toute cette correspondance[1], on reconnaît toujours son désir d'être utile à Louis XVI dans tout ce qui n'est pas contraire à la liberté et à l'esprit constitutionnel. Les moindres détails sont parfois des témoignages certains de droiture ; ainsi le 19 juin 1790, il écrit au roi :

« Je n'étais pas assez sûr que madame La Fayette n'eût pas la rougeole pour me présenter devant le roi ; je suis rassuré ce soir à cet égard et pourrai lui faire ma cour, à la revue. Je supplie le roi de daigner me donner des ordres sur l'heure à laquelle il arrivera. Mon attachement pour le roi et le vif désir que j'ai de prévenir tout ce qui produirait un mauvais effet, me forcent à insister auprès de lui sur un point qui lui paraîtra minutieux, mais que les circonstances et la disposition des esprits rendent très important. C'est que le roi, au lieu de venir à la revue, comme à ses promenades ordinaires, y porte son habit de revue.

---

1. Voir Papiers de l'armoire de fer, n° 353.

Je prie le roi de croire que je ne ferais pas cette observation, si je ne la croyais pas très intéressante; il daignera excuser la liberté que je prends en faveur des sentiments d'attachement et de respect qui m'y ont engagé. »

La correspondance avec son cousin, M. de Bouillé, pendant les mêmes années, est non moins loyale; certes M. le marquis de Bouillé était le caractère le plus opposé au sien. La répression de la fameuse insurrection des troupes à Nancy, avait pour un instant retrempé dans ses mains l'autorité militaire qui partout était abattue. La Fayette eût voulu ramener son cousin aux principes de la Révolution; c'était difficile; les lettres qu'il lui adresse sont intéressantes; une entre autres, nous paraît curieuse à lire, parce qu'elle fait connaître son âme :

« Je sais, mon cher cousin[1] (juillet 1790), qu'on a cherché à me nuire auprès de vous;

1. *Correspondance*, t. III, p. 128.

avec un cœur pur et droit comme le vôtre, la loyauté n'est pas longtemps méconnue et l'amitié est également sûre de se faire entendre. On vous a dit beaucoup d'absurdités sur mes vues, mes moyens, mes désirs. Il est simple que des ambitieux cherchent ce que cache un homme qui, en pouvant beaucoup, n'a voulu que le bien public. — On a fait des tracasseries personnelles entre nous; cela est naturel aussi, parce que j'ai des envieux, que j'ai mécontenté beaucoup de monde, de manière qu'en obtenant l'estime de la nation, j'ai mérité la haine des partis. — On a beaucoup blâmé ma conduite; tantôt on a eu tort, tantôt on a eu raison. Les reproches qu'on m'a faits se contredisent et je pourrais en profiter pour me défendre; mais en jugeant sévèrement mes fautes, je m'étonne de mes intentions, et si d'autres eussent mieux fait, personne n'eût agi plus en conscience. — Au reste, mon cher cousin, quand vous croirez avoir à me gronder, adressez-vous à moi! Nos caractères ne sont pas les mêmes, nos principes politiques diffèrent; mais nous sommes tous deux honnêtes gens; et, comme ils sont très rares, nous nous entendrons mieux seuls, que quand d'autres s'en mêleront. »

Une phrase de La Fayette isolée et détachée d'un discours, phrase bien souvent reprochée : *L'insurrection est le plus saint des devoirs*, avait blessé Bouillé, le seul des généraux qui eût reconquis le commandement et fait reculer l'insubordination. Pourquoi La Fayette l'avait-il prononcée? Dans la séance du 16 février 1790, une discussion s'était élevée relativement à des désordres dans le Quercy, le Rouergue, le Périgord, le Bas-Limousin et la Basse-Auvergne. On décida qu'une loi rigoureuse serait faite. Un premier projet, qui avait été lu le 20 février, fut remplacé par un second dans la même séance, au nom du comité de la Constitution; La Fayette, sans entrer dans le fond de la discussion dont on demandait l'ajournement, parla ainsi :

« Les troubles excités dans les provinces ont

alarmé votre patriotisme, votre justice, votre humanité, je comptais parler sur le projet de loi qui vous est proposé; mais le comité de la constitution en présente un autre. Je me contenterai de dire que la Révolution étant faite, il ne s'agit plus que d'établir sa constitution. Pour la Révolution, il a fallu des désordres, l'ordre ancien n'étant que servitude, et dans ce cas, l'insurrection est le plus saint des devoirs; mais pour la constitution, il faut que l'ordre nouveau s'affermisse, que les personnes soient en sûreté; il faut faire aimer la constitution nouvelle, il faut que la puissance publique prenne de la force et de l'énergie. J'attends la discussion de lundi, espérant qu'elle sera la dernière, car le mal est pressant; tous les membres qui ont fait des projets doivent les publier ou les faire connaître au comité de constitution. »

C'est donc dans une circonstance où La Fayette s'efforçait de maintenir l'ordre légal, et en séparant une phrase des paroles qui la suivent, qu'on a pu substituer une maxime anarchique à ce qui n'était que la revendication du droit de résister à l'oppression, principe qui se retrouve dans les doctrines comme dans tous les actes de la vie du général. Constitution et ordre public, tel était le cri de ralliement qu'il invitait le marquis de Bouillé à pousser[1].

C'était la même invitation qu'il avait adressée à Mounier lorsqu'il s'était éloigné de l'Assemblée. La Fayette venait à ce moment-là de donner un nouvel exemple de sa résolution à faire observer la loi : le 24 mai 1790, un homme, accusé d'avoir volé un sac d'avoine, avait été saisi par la populace. La patrouille ne pouvait arriver à dégager, pour le mener au Châtelet, le voleur qu'on assommait à coups de gourdin ; La Fayette revenait en voiture avec son ami Louis Romeuf, lorsqu'il fut averti de l'incident. Il descend, se jette résolument au milieu de la foule, un individu avait levé

---

1. *Correspondance*, t. II, p. 415 et 472 ; *Mémoires*, t. II, p. 463.

son bâton sur Romeuf qui lui arrachait le cadavre ; La Fayette, apostrophant ces misérables qu'il qualifia d'assassins, somme les gardes nationaux de lui désigner le meurtrier. Alors, le saisissant au collet, il cria :

« Je vais vous montrer que toute fonction est honorable quand on exécute la loi. »

Il tint son homme, par le col, malgré ses cris, jusqu'au Châtelet. Lorsqu'il en sortit, il monta sur le parapet du quai et fit à cette foule qui l'entourait les plus sévères reproches sur sa conduite, déclarant qu'il écraserait tout ce qui oserait troubler la paix publique. Pendant ce temps, à l'autre bout du quai, on était en train de pendre sans façon le voleur que La Fayette croyait mort. Il y courut et le sauva en le faisant porter en prison ; il recommença sa mercuriale et la foule cria : « Vive La Fayette ! »

A cette heure, sa popularité était à son apogée ; elle avait résisté même à son vote sur le droit de veto ; après l'éloquente discussion sur le droit de paix et de guerre, La Fayette avait adopté l'opinion de Mirabeau, la plus conforme aux vrais principes constitutionnels de la liberté et de la monarchie. Cependant les fêtes de la Fédération approchaient. Avec son honnêteté habituelle, il alla au-devant des craintes de l'Assemblée; fidèle au vœu formé par lui-même devant la commune de Paris, le 19 janvier 1790, il proposait le 19 juin à la Constituante de décréter que personne ne pourrait avoir un commandement de gardes nationales dans plus d'un département; le soir du même jour il appuyait la proposition du député Lambel qui abolissait les titres de noblesse, et il sacrifiait son marquisat sur l'autel de l'Égalité. Cette fois, Mirabeau l'appela *Grandisson*. Il ne comprenait plus ce caractère et cette abnégation.

Sa stupéfaction fut bien plus grande encore quand il le vit, au grand jour de la Fédération, effacer aux yeux des masses, le roi et l'Assemblée; il pouvait tout, pensa Mirabeau, et il ne tenta rien. Non, il n'eut même pas une pensée personnelle dans ce moment unique et rapide de la Révolution, où les cœurs fraternisèrent véritablement, où, comme on l'a dit, Jean-Jacques eut pu croire qu'un peuple entier réalisait la vie de son *Émile*. La Fayette ne voyait pas la restriction mentale dans la pensée du roi, il ne voyait même pas que Talleyrand célébrait une messe à laquelle il ne croyait pas, La Fayette était tout entier avec l'enthousiasme et la confiance des foules et des quatorze mille délégués[1] des gardes nationales de la France.

« Il était, à la lettre, adoré; on lui baisait les mains. Proclamé président de l'Assemblée des fédérés, il haranguait en leur nom la Constituante et le roi; il disait sincèrement à l'une : — Puisse la solennité de ce grand jour être le signal de la conciliation des partis, de l'oubli des ressentiments, de la paix et la félicité publique! »

Il disait loyalement à l'autre :

« Les gardes nationales de France jurent à Votre Majesté une obéissance qui ne connaîtra

---

1. Voir Procès-verbal de la Fédération des Français, 1790.

de bornes que la loi, un amour qui n'aura de terme que celui de notre vie. »

Et en remerciant les députés de la Fédération qui l'acclamaient, il leur laissait cette dernière parole :

« Séparons-nous avec le doux sentiment que ces beaux jours ont versé dans le cœur des bons Français, et n'oublions pas que c'est à la justice et à l'ordre de finir la Révolution qu'un généreux effort a commencée ! »

Nul ne représente plus que lui les généreuses illusions de 89, ces purs constitutionnels persuadés que la liberté était entrée dans le cœur des Français et qu'elle n'en sortirait plus. Que celui qui n'a jamais été enthousiaste lui jette la première pierre !

XV

Les graves événements qui s'accomplissaient allaient tout à la fois porter atteinte à la popularité de La Fayette et creuser entre la famille royale et lui un abîme infranchissable. C'était une des fatalités de la situation que la méfiance qui s'établissait de jour en jour entre la nation et le malheureux Louis XVI; vis-à-vis de la reine, cette méfiance se changeait en haine que des calomnies avivaient sans cesse.

La seule autorité militaire en face de la royauté était celle du commandant de la garde nationale de Paris. Constitutionnel résolu, il ne laissait pas ignorer au roi, tout en ayant pour lui de l'attachement, que s'il séparait sa cause de celle du peuple, il serait du côté du peuple. La Fayette était donc considéré par la cour comme l'obstacle et comme le geôlier. C'était une idée fixe, dans l'esprit de Marie-Antoinette, qu'à tout prix il fallait écarter les services de La Fayette; et jusqu'à la dernière heure, elle négocia avec les démagogues plutôt que d'accepter ses propositions.

Les insurrections de chaque jour ne pouvaient d'autre part que le dépopulariser dans l'imagination de cette foule qu'il était obligé de comprimer. Un mois après la Fédération, les cris de : « A bas La Fayette! » succédèrent aux vivats; c'est une justice que ses ennemis n'ont pas refusé de lui rendre : que son courage n'en fut pas atteint.

Il allait de plus en plus comprendre, sans en être découragé, la vérité de l'apologue du vieux Frédéric [1].

---

1. Voir plus haut chapitre X.

Depuis longtemps l'indiscipline était prêchée dans les troupes ainsi que la désunion entre soldats et officiers. Les Mémoires du temps ont consigné le triste événement de la révolte de la garnison de Nancy réprimée par les gardes nationales et les troupes de ligne, aux ordres du marquis de Bouillé; La Fayette contribua à faire donner à son cousin les moyens de répression. Il prit la parole dans la séance du 30 août, réclamant de l'Assemblée un témoignage de confiance pour les troupes obéissantes et pour leur chef. Lorsque la rébellion eut été punie, La Fayette se joignit à Mirabeau, ou, pour mieux dire, lui inspira sa proposition de remerciement au marquis de Bouillé et à ses soldats. Dans une lettre particulière, il écrit à son cousin :

« Vous êtes le sauveur de la chose publique; j'en jouis doublement, et comme citoyen et comme votre ami; j'ai partagé vos anxiétés sur la terrible situation où nous étions prêts à tomber; et j'ai regardé l'exécution du décret de Nancy, comme la crise de l'ordre public ; aussi a-t-on bien cherché à égarer le peuple sur cet événement. »

Ce n'est pas tout, Bailly, d'accord avec lui, vint, le 16 septembre, supplier l'Assemblée nationale d'assister au moins par députation au service religieux que la ville de Paris devait faire célébrer au Champ de la Fédération, en l'honneur des gardes nationaux et des soldats de ligne tués en défendant la loi.

La Fayette tenait à établir que les constitutionnels étaient aussi les défenseurs de l'ordre public ; il le prouva encore lorsqu'à la tête d'un bataillon, il vint le 15 novembre arrêter le pillage de l'hôtel de Castries à la suite d'un duel avec Charles de Lameth[1]. Les démagogues crièrent encore plus haut : « A bas La Fayette ! » et proférèrent des menaces de mort. Le jour de l'émeute organisée par Santerre et quelques factieux sous prétexte de détruire la tour du donjon de Vincennes, il fit rentrer

1. *Mémoires*, t. III, p. 56.

dans la discipline les gardes nationaux égarés, leur commanda de saisir les démolisseurs qu'il conduisit dans les prisons de la Conciergerie, après avoir menacé d'ouvrir à coups de canon les portes du faubourg Saint-Antoine qu'on avait fermées contre lui.

Ce fut au tour des royalistes de le huer, lorsqu'il fit expulser des Tuileries, le même jour 28 février, les gentilshommes qu'on appela les chevaliers du poignard, et qu'il fit saisir le dépôt d'armes accumulées dans les armoires des appartements. Cet incident amena entre le roi et lui un refroidissement que la fuite de Varennes ne devait qu'aggraver. Le *Journal de Paris* dans le numéro du 4 mars avait en effet inséré ces lignes :

« Le commandant général de la garde nationale a donné les ordres les plus précis aux deux chefs de la domesticité du roi, pour que l'ordre et la décence fussent maintenus par ceux de leurs subordonnés dans l'intérieur du château des Tuileries. »

Louis XVI lui écrivit aussitôt[1] :

« Monsieur de La Fayette, j'ai lu dans le *Journal de Paris* un article qui m'a causé la plus grande surprise. Comme il est aussi contraire à la vérité qu'à toutes les convenances, je suis persuadé que vous n'avez aucune part à son insertion dans le journal, et je ne doute pas que vous vous empressiez de la désavouer dans ce même papier. »

La Fayette répondit sur-le-champ :

1er mars 1791.

« Sire, ce qui n'a causé à Votre Majesté que de la surprise, m'a causé à moi beaucoup d'indignation, parce que j'ai cru y voir une méchanceté réfléchie. J'ai écrit à M. Suard pour savoir de qui il tenait cet avis et comme les premiers officiers de la maison de Votre Majesté m'ont honoré d'une correspondance

---

1. Voir Papiers de l'armoire de fer, n° 341.

imprimée, ils trouveront avec un désaveu de l'article une réponse à leur lettre.

» Je suis avec respect... »

La lettre du général, contenant le désaveu, insérée dans le *Journal de Paris* le 7 mars, était en même temps une réponse à la réclamation de MM. de Villequier et de Duras au sujet de la journée du 18 février. Cette réponse n'était pas faite pour lui ramener les personnages de la cour; elle se terminait par ces mots : « Au reste, si ma conduite dans le cours de cette journée a pu être utile, j'abandonne volontiers à mes ennemis la consolation d'en critiquer quelques détails. »

Cette position entre le parti de la cour et les partis démagogiques était faite au contraire pour attirer à La Fayette des injures et des coups de tous les côtés; il s'y maintint courageusement et sans faiblir, avec une loyauté à toute épreuve, il en donna une nouvelle preuve, lors de l'émeute du 18 avril.

Nous connaissons son opinion sur la constitution civile du clergé. Son système de laisser, à l'exemple des États-Unis, chaque société religieuse entretenir ses temples et ses ministres, en d'autres termes, le régime de la séparation de l'Église et de l'État, était irréalisable et repoussé par tous les partis. Il blâmait donc le serment que les jansénistes de l'Assemblée imposèrent, serment contraire à la liberté de conscience. La Fayette avait près de lui, dans sa digne et honnête femme, un irrécusable exemple du froissement que la constitution civile du clergé apportait dans les sentiments religieux unis à la vertu la plus libérale et au patriotisme le plus accompli. Au contraire l'animadversion contre le culte non assermenté était presque générale à Paris. La Fayette n'hésita pas; sous la protection des baïonnettes, il fit assurer le libre exercice des pratiques *non conformistes ;* aucune considération de popularité ne put un instant être en balance avec son dévouement aux intérêts de la liberté religieuse.

Il eut une occasion solennelle de manifester ce sentiment, le plus libéral de tous. Les répugnances légitimes du roi à faire ses Pâques dans sa paroisse constitutionnelle n'étaient un secret pour personne; il se préparait donc à aller à Saint-Cloud le lundi saint pour remplir ses devoirs de catholique, lorsque le club des Cordeliers ameuta la population. La famille royale était déjà en voiture, quand les gardes nationaux s'assemblèrent et mirent obstacle au départ; les représentations des officiers furent inutiles; les propos les plus animés contre Louis XVI se firent entendre. La foule hostile grossissait. La Fayette accourut. Le bataillon des Filles-Saint-Thomas, réuni dans la grande allée des Tuileries, lui offrit d'assurer par la force l'exécution des volontés du roi; La Fayette demanda à Marie-Antoinette et à Louis XVI quelques instants pour leur ouvrir un passage [1]; mais ils rentrèrent dans leurs appartements, pendant que le général luttait contre l'émeute. Alors La Fayette proposa au roi de déclarer à l'Assemblée nationale que,

1. *Mémoires*, t. III, p. 66; Toulongeon, t. Ier, p. 150, 170; *Vie de madame de La Fayette*, p. 222.

comme chef d'État, il maintiendrait les décrets adoptés, mais qu'en même temps, il réclamait pour lui le droit qu'a tout homme de pratiquer le culte qui lui convient. Louis XVI demanda un jour pour se décider ; mais le même soir, il avait consulté son conseil de conscience, et il répondit à La Fayette en le remerciant beaucoup : « Que ses directeurs lui avaient dit qu'il suffisait pour le salut de son âme de ne pas faire ses Pâques à l'église assermentée. »

Après cette réponse, La Fayette donna une seconde fois sa démission de commandant général. Il était à la fois mécontent de la garde nationale qui l'avait mal secondé devant l'émeute et de la faiblesse de Louis XVI qui rendait impossible de réparer les torts de cette journée. Pour se dérober à toutes les instances, il quitta sa maison. Madame de La Fayette y resta transportée de joie de sa résolution et fut chargée par lui de recevoir à sa place la municipalité et les délégués des soixante bataillons qui vinrent conjurer son mari de reprendre le commandement. Elle répondit à chacun, en observant toutes les nuances qu'il fallait conserver tant vis-à-vis des chefs de bataillon les plus recommandables, que de ceux qui, comme Santerre, avaient par leur mauvaise conduite, nécessité cette démission. Qu'était l'embarras pour madame de La Fayette de remplir une charge aussi délicate, auprès de la satisfaction qu'elle éprouvait de voir son mari rentrer dans la vie privée ?

Cette satisfaction ne dura que quatre jours. Après avoir constaté son mécontement, La Fayette céda encore aux instances et aux prières générales; il se rendit dans le conseil de la Commune de Paris, le 22 avril 1791 et prononça un discours dont le texte fut envoyé aux soixante bataillons :

« Nous sommes citoyens, disait-il, nous sommes libres; mais sans obéissance à la loi, il n'y a plus que confusion, anarchie, despotisme; et si cette capitale, le berceau de la Révolution, au lieu d'entourer de ses lumières et de ses respects, les dépositaires des pouvoirs de la nation, les assiégeait de ses tumultes ou les fatiguait de ses violences, elle cesserait d'être l'exemple des Français, elle risquerait d'en devenir la terreur... Je dépose en vos mains cet aveu sincère de mes sentiments ; daignez les faire connaître à la garde nationale dont j'ai reçu les témoignages d'amitié avec tant de sensibilité... J'avoue que pour la commander, j'avais besoin d'être assuré qu'elle croirait unanimement le sort de la constitution attaché à l'exécution de la loi, seule souveraine d'un peuple libre ; que la liberté des personnes, la sûreté des domiciles, la liberté religieuse, le respect des autorités légitimes, lui seraient, sans exception, aussi sacrés qu'à moi. »

Les soixante bataillons de la garde nationale prirent successivement la résolution suivante : « Que tout soldat-citoyen jure sur son honneur et signe d'obéir à la loi ; que ceux qui s'y refuseront soient exclus de la garde nationale ; que le vœu de cette armée ainsi régénérée soit porté à M. de La Fayette, et il se fera un devoir de reprendre le commandement ; que, quelques individus qui ont si indignement outragé la famille royale, soient punis et chassés de la garde nationale ».

Ce ne fut qu'après ces nouvelles protestations d'obéissance à la loi, que La Fayette consentit à reprendre le commandement. Le mouvement favorable imprimé par sa démission à l'opinion publique aurait-il duré longtemps? La fuite de Varennes, l'énergique méfiance qu'elle développa dans la nation changèrent brusquement le cours de la Révolution. Le nombre des émigrés augmentait, les uns entraînés par la peur, les autres par la mode, tous découragés de l'inutilité des efforts du parti royaliste dans l'Assemblée ; on crut que Louis XVI fuyait pour aller rejoindre cette armée de mécontents qui commençait à s'assembler sur la frontière.

A Paris, un mystère profond avait couvert le départ du roi. La Fayette, avec ses sentiments personnels pour Louis XVI, avait eu l'imprudence de lui parler franchement des bruits qui couraient[1], quelques jours avant le 20 juin. Il avait reçu des assurances si positives, si solennelles, qu'il avait cru pouvoir répondre sur sa tête que le roi ne partirait pas. Le 20 juin au soir, le général alla chez Bailly qui avait reçu quelques dénonciations nouvelles; il fut convenu que La Fayette passerait aux Tuileries pour faire part de cette circonstance à Gouvion, major général, auquel il ordonna de réunir les principaux officiers de garde, afin de les engager à se promener dans les cours pendant la nuit. On raconte que la reine, donnant le bras à l'un des gardes du corps et menant Madame Royale par la main, rencontra, en traversant le Carrousel, La Fayette suivi d'un officier de son état-major qui entrait aux Tuileries, pour s'assurer par lui-même que les mesures provoquées par les dénonciations de la journée étaient bien prises. Elle frissonna en reconnaissant l'homme qui représentait à ses yeux l'insurrection et la captivité.

1. *Mémoires*, t. III, p. 76, 77 ; *Mémoires de madame de Tourzel*.

En échappant à son regard, elle crut avoir échappé à la nation elle-même.

Ce n'est qu'à sept heures du matin du 21 juin que les personnes de la domesticité du château entrant chez le roi et chez la reine, trouvèrent les lits intacts, les appartements vides et semèrent l'étonnement et la terreur parmi les gardes du palais. La rumeur se répandit vite ; le nom de La Fayette courait avec des imprécations sur les lèvres. La vérité est que cette fuite était ignorée même des ministres, des royalistes de l'Assemblée, tous exposés à un grand péril, et qui, dans les premières heures d'irritation populaire, disaient tout haut que si La Fayette eût été massacré, les désordres de la capitale auraient été funestes au roi. Telle était aussi la situation non seulement des gardes nationaux de service, de leurs officiers, mais des amis les plus dévoués à Louis XVI, du duc de Brissac, commandant des cent-suisses, de Montmorin, qui avait donné le passeport sous le nom de la baronne de Korf. « Si le roi n'eût pas été arrêté, dit M. de

Bouillé, La Fayette aurait été certainement massacré par le peuple qui le rendait responsable de l'évasion de ce monarque. » C'était aussi l'opinion des fugitifs, si l'on en juge par un billet de la reine à la princesse de Lamballe et par le mouvement de surprise qu'elle montra lorsque l'aide de camp de La Fayette, Louis Romeuf, lui apprit qu'il existait encore et était encore à la tête de la garde nationale.

La Fayette sentit, dès le premier moment, son péril, et avec une audace calme, il résolut de le conjurer en le bravant. Instruit de l'événement par son collègue, le député d'André, et presque en même temps par des officiers, il courut aux Tuileries ; il fut joint dans la la rue par le maire Bailly et par Beauharnais, président de la Constituante ce jour-là [1]. En s'affligeant du péril de la chose publique, le maire et le président exprimaient au général leurs regrets du temps qui serait perdu, jusqu'à

---

1. *Mémoires*, t. III, p. 78 et suivantes. Toulongeon, tome Ier.

ce que l'Assemblée convoquée d'urgence pût donner des ordres.

« Pensez-vous, dit La Fayette, que l'arrestation du roi et de sa famille soit nécessaire au salut public et puisse seule garantir de la guerre civile? — Oui, sans doute. — Eh bien, je prends sur moi la responsabilité de l'arrestation. »

Et il écrivit un billet portant : « que les ennemis de la patrie ayant enlevé le roi et sa famille, il était ordonné à tous les gardes nationaux et à tous les citoyens de les arrêter. »

C'était grave de se substituer ainsi à l'Assemblée ; c'était une responsabilité plus grave encore que de mettre ainsi la main, de son autorité privée, sur le chef de la nation ; il le comprit et sa sensibilité proteste dans ses fragments de *Mémoires*, contre le premier élan du commandant général.

Il écrit ces lignes significatives, et dont chaque mot porte, en parlant de son rôle ce jour-là :

« Heureusement pour lui (La Fayette) ce ne fut pas à ses ordres, mais à l'accident d'être reconnu par un maître de poste et à de mauvais arrangements, que fut due l'arrestation de ces augustes victimes. »

En sortant des Tuileries, il se rendit seul à cheval à l'Hôtel de Ville. C'était du plus rare courage ; tout Paris était dehors, la foule éclatait en invectives ; il n'avait pas peur. On comprend que les paroles du grand Frédéric lui vinssent à la mémoire ; il continuait sa route avec le même sang-froid. Arrivé sur la place de Grève, il trouve le duc d'Aumont, commandant la sixième division de service au château, entre les mains du peuple prêt à le massacrer. Il n'hésite pas et malgré les injures et les menaces de mort, il dégage le duc d'Aumont ; entouré de groupes furieux, il les étourdit par sa contenance et leur crie : « De quoi vous plaignez-vous ? Chaque citoyen gagne vingt sous de rente à la suppression de la liste civile ? »

La fureur du peuple s'apaisait en voyant cette confiance et cette tranquillité d'âme. A ceux qui se désolaient, il disait :

« Si vous appelez cet événement un malheur, quel nom donnerez-vous à une contre-révolution qui vous privera de la liberté ? »

La multitude ouvrit les rangs pour le laisser passer, et sortant de l'Hôtel de Ville, il se rendit à l'Assemblée nationale.

Jamais la sagesse d'un grand pays ne se trouva plus entière dans ses représentants ; la Constituante fut admirable. Rewbell ayant exprimé quelques soupçons sur la fidélité de La Fayette, Barnave, qui jusque-là, n'avait pas été de ses amis, se leva :

« J'arrête l'opinant, dit-il, M. de La Fayette depuis le commencement de la Révolution, a montré les vues et la conduite d'un bon citoyen ; il mérite la confiance, il l'a obtenue ; il importe à la nation qu'il la conserve. »

Ce mouvement généreux fut vivement applaudi.

Sur le bruit des dangers que le général courait, l'Assemblée avait envoyé une députation pour le protéger ; mais les commissaires le trouvèrent encore à l'Hôtel de Ville, et il répondit aux offres d'une escorte : « J'en commanderai une par respect pour la députation ; quant à moi, j'irai de mon côté, n'ayant jamais été si en sûreté, puisque les rues sont pleines de peuple. » C'est ce qu'il fit. A son entrée dans la salle de l'Assemblée, Camus se lève avec indignation : « Point d'uniforme ici, s'écrie-t-il, nous ne devons point voir d'uniformes, ni d'armes dans cette enceinte ! » Quelques membres du côté gauche se lèvent avec Camus et crient à La Fayette : « Hors la salle ! » Ses amis se précipitent autour de lui et imposent silence aux vociférations de Camus. La Fayette sans s'émouvoir obtient la parole à la barre :

« L'Assemblée nationale, dit-il, a été instruite de l'attentat que les ennemis publics dans l'abusive espérance de compromettre la liberté française, ont exécuté, la nuit dernière, envers le roi et une partie de sa famille. M. le maire a pensé qu'il convenait que M. de Gouvion, chargé de la garde intérieure des Tuileries, vous rendît compte des circonstances de cet événement; je dirai seulement, si l'Assemblée veut l'admettre à la barre, que je prends sur moi seul la responsabilité d'un officier dont le patriotisme et le zèle me sont connus. »

M. de Gouvion fut en effet entendu et se justifia. L'Assemblée prit avec dignité et fermeté toutes les mesures convenables : elle confia son décret d'arrestation à Louis Romeuf, aide de camp du commandant général; puis après avoir écouté la lecture du manifeste royal en l'interrompant par des soulèvements d'indignation, elle passa à son ordre du jour. Tous les généraux présents à Paris prêtèrent serment de fidélité et La Fayette demanda à renouveler le sien à la tête d'un grand nombre de gardes nationaux.

Le soir, il y eut une réunion au club des Jacobins qui devinrent plus tard ses ennemis mortels; tous les membres du parti constitutionnel crurent devoir s'y rendre; Danton[1] lança contre La Fayette une terrible apostrophe. Alexandre Lameth réfuta Danton et parla comme Barnave l'avait fait à l'Assemblée. La Fayette dit aussi quelques mots et la majorité de la réunion parut, ce soir-là, animée d'un même esprit d'ordre et de liberté.

Le roi avait été arrêté. Nous n'avons pas à rappeler ces faits qui sont très connus, pas plus que la mission de Latour-Maubourg, de Barnave et de Pétion. La Fayette se trouvait réduit à faire revenir Louis XVI, comme un prisonnier, au milieu de la France en armes. Le décret du 25 juin mettait le roi sous la garde de La Fayette qui devait veiller à sa sûreté et répondre de sa personne; il était provisoirement donné une garde particulière

---

1. *Mémoires*, tome III, p. 84.
Camille Desmoulins dans le *Vieux Cordelier* a raconté cette séance, mais en y ajoutant les fantaisies de son esprit.

au dauphin et à la reine, aussi sous les ordres du commandant général.

A huit heures du soir, la famille royale rentrait dans Paris. Le peuple était sinistre et avait le sang-froid de la haine. La Fayette, qui avait lieu de craindre quelques embûches, fit prévenir l'adjudant général, Mathieu Dumas, commandant les troupes, de ne point traverser la ville ; la garde nationale silencieuse, se reposant sur ses armes, bordait la haie. Aucun honneur ne fut rendu. La Fayette à cheval, à la tête de son état-major, était allé au-devant du cortège et le précédait. Pendant son absence, une foule immense avait inondé le jardin des Tuileries, les terrasses et obstrué la porte du château. L'escorte fendait avec peine les flots tumultueux; on forçait tout le monde à rester couvert. Au moment où la famille royale avait mis pied à terre, les deux gardes du corps qui avaient servi de courriers dans l'évasion, et qui étaient assis sur le siège de la voiture du roi, furent menacés; la reine, apercevant le commandant général, lui cria :

« M. de La Fayette, sauvez les gardes du corps ! »

Il les garantit de toute violence et les mit lui-même en sûreté dans une des salles du palais. Louis XVI avait l'air calme, La Fayette se présenta dans son appartement « avec attendrissement et respect » et lui dit :

« Sire, Votre Majesté connaît mon attachement pour elle; mais je ne lui ai pas laissé ignorer que si elle séparait sa cause du peuple, je resterais du côté du peuple.

— C'est vrai, répondit le roi; vous avez suivi vos principes; c'est une affaire de parti; à présent me voilà. Je vous dirai franchement que jusqu'à ces derniers temps, j'avais cru être dans un tourbillon de gens de votre opinion dont vous m'entouriez, mais que ce n'était pas l'opinion de la France; j'ai bien reconnu dans ce voyage que je m'étais trompé et que c'est là l'opinion générale.

— Votre Majesté a-t-elle quelque ordre à me donner?

— Il me semble, reprit le roi, en souriant avec tristesse, que je suis plus à vos ordres que vous n'êtes aux miens. »

La Fayette lui fit part ensuite du décret de l'Assemblée, sans que Louis XVI, résigné, témoignât aucune impatience; mais au contraire Marie-Antoinette laissa percer l'amertume de ses sentiments contenus. Elle voulut forcer La Fayette à recevoir les clefs des cassettes qui étaient dans les voitures; il s'y refusa; elle insista et plaça les clefs sur son chapeau. La Fayette lui fit des excuses sur la peine qu'il lui donnait de les reprendre et déclara qu'il ne les toucherait pas.

« Eh bien, répartit la reine avec humeur, je trouverai des gens moins délicats que vous. »

Le roi entra dans son cabinet, écrivit quelques lettres et les remit à un valet de pied qui vint les soumettre à l'inspection de La Fayette; le général s'indigna de ce qu'on lui attribuât une semblable surveillance sur les actes du roi.

Il s'est efforcé dans une page de ses notes, publiée dans ses *Mémoires*, de démontrer que cette quasi-captivité n'était qu'apparente ; c'est en effet le plus grave des reproches qui lui aient été adressés par le parti royaliste, d'avoir été le geôlier du roi. L'animadversion de Marie-Antoinette portée contre lui au dernier degré n'était pas faite pour modifier la situation fausse de La Fayette. Les explications qu'il fournit, les adoucissements qu'il demanda aux comités, sa réponse : « J'en prends la responsabilité » sont autant de preuves de la gravité des mesures ordonnées par l'Assemblée. Le commandant général donnait le mot d'ordre sans l'avoir pris du roi ; les portes et les cours des Tuileries étaient fermées ; La Fayette avait prié la famille royale de lui communiquer la liste de tous ceux dont elle souhaitait l'admission au château. Un certain nombre d'officiers se tenaient dans une pièce entre les salles ordinaires des gardes et les chambre du roi et de la reine ; la famille royale ne pouvait éviter une semblable gêne que par une communication directe entre ses appartements.

La Fayette [1] s'efforce de combattre les grossières calomnies répandues à propos de cette surveillance rigoureuse qui dura du 26 juin au 3 septembre, et il fait la part de la rudesse des mesures qui tenaient à l'ombrageuse responsabilité de la garde nationale. « Il est vrai de dire aussi que le général gardait dans la personne du roi, la dynastie, sa propre tête et la constitution. » Nous avons sur sa conduite un témoignage bien digne de foi, celui de madame de La Fayette qui n'est pas suspecte en fait d'honneur, et comme on dit, en fait de loyalisme. Dans l'Histoire de sa mère, madame de Lasteyrie écrit : « qu'il n'est aucune circonstance de la vie de La Fayette où sa femme l'ait autant admiré que dans celle-ci. Elle le voyait d'un côté renoncer à ses inclinations républicaines pour se joindre au vœu de la majorité ; de l'autre, dans les rapports pénibles

1. Voir t. III, p. 94, 95.

auxquels sa position l'exigeait, prendre toutes les responsabilités, supporter tous les blâmes, afin d'assurer la sûreté de la famille royale et de lui épargner ce qu'il pouvait de détails pénibles[1]. »

Madame de La Fayette s'était empressée d'aller aux Tuileries, aussitôt que la reine avait commencé à recevoir et avant l'acceptation de la constitution. Elle partageait avec son mari les inquiétudes qu'inspirait la situation de plus en plus difficile du roi ; le prestige du pouvoir avait disparu ; le respect pour la Majesté royale avait cessé. Louis XVI était plus que jamais livré aux hésitations de son esprit timide, indécis et scrupuleux. Il se voyait devenu comme un otage, mais son éducation lui faisait paraître comme invraisemblable que le caractère royal ne fût pas une sauvegarde et cessât complètement d'imposer une sorte de respect religieux ; il ne voyait pas que cette fuite de Varennes, ce triste retour à travers les populations irri-

---

1. *Vie de madame de La Fayette*, p. 224.

tées avaient amené une phase nouvelle de la Révolution et que la monarchie était en jeu.

Dans une réunion chez le duc de La Rochefoucauld, intime ami de La Fayette, on avait déjà sérieusement discuté le 24 juin, le parti qu'il y avait à prendre[1] et l'avis personnel du duc était favorable à la République. Cette opinion avait été vivement appuyée par un des assistants, Dupont de Nemours.

Bien que par son éducation politique, il fût plus républicain que ses amis, La Fayette ne partagea pas leur manière de voir ; il ne jugeait pas la nation prête à cette transformation, il désirait le maintien de la royauté avec ses institutions démocratiques et la Déclaration des droits ; il eut une occasion de s'expliquer publiquement.

M. de Bouillé venait d'écrire du Luxembourg à l'Assemblée, une lettre violente dans laquelle il dénonçait son cousin La Fayette, comme étant à la tête d'un parti républicain

---

1. Voir *Mémoires*, t. III, p. 96 et 97.

voulant renverser la constitution. La Fayette monta à la tribune, dans la séance du 2 juillet :

« Je reçois, dit-il, sous le cachet de M. de Bouillé, deux exemplaires imprimés de sa lettre à l'Assemblée. M. de Bouillé me dénonce comme ennemi de la forme du gouvernement que vous avez établi. Je ne renouvelle point mon serment, mais je suis prêt à verser mon sang pour la maintenir. »

La République étant écartée, donnerait-on la couronne au duc d'Orléans? Forcerait-on Louis XVI à abdiquer en faveur de son fils? Appellerait-on un prince étranger? ou bien reprendrait-on Louis XVI « le meilleur prince de sa famille, malgré ses torts récents, comme disait La Fayette, et à tout prendre, le meilleur de l'Europe ».

Le discours de Barnave, le plus beau qu'il ait prononcé, emporta la résolution presque unanime de l'Assemblée constituante et refoula pendant quelques mois, les tentatives de déchéance et de république. La Fayette marqua son assentiment par ces mots : « J'appuie l'opinion de M. Barnave et je demande que la discussion soit fermée. »

Pendant que les constitutionnels essayaient avec courage d'endiguer la Révolution, elle marchait toujours.

XVI

Le vote de l'Assemblée fut le signal d'une fermentation croissante. On était au 14 juillet, l'autel de la Patrie au Champ de Mars était resté debout pour une nouvelle fédération ; une pétition répandue à des milliers d'exemplaires avait été rédigée par Laclos. Elle protestait contre le rétablissement du trône de Louis XVI et demandait la déchéance; le premier exemplaire présenté à l'Assemblée et escorté par quatre mille individus, était signé : LE PEUPLE. L'Assemblée calme et impassible passa à l'ordre du jour... Mais le 17 juillet, la foule se porta au Champ de Mars pour signer en plus grand nombre, la pétition amendée par Brissot, en termes plus impératifs. Deux invalides s'étaient cachés sous l'autel de la Patrie, sans autre dessein, déclarèrent-ils, qu'une indécente curiosité. La foule les prenant pour des conspirateurs, les saisit, les égorge; et leurs têtes placées au bout de piques, sont promenées jusqu'aux environs du Palais-Royal.

L'agitation s'accrut de l'indignation des uns, des soupçons des autres[1]; La Fayette accourut avec un détachement des gardes nationales; l'attroupement conduit par quelques meneurs se barricada avec des charrettes. Ce fut derrière une de ces charrettes qu'on tira sur le commandant général, un coup de fusil qui heureusement rata. Quelques miliciens sautant par-dessus la barricade, saisirent le coupable, le conduisirent à La Fayette qui le fit relâcher. Marat désigna lui-même comme auteur de cette tentative d'assassinat, Fournier, dit l'Américain, connu par sa participation à tous les

---

1. *Mémoires*, t. III, p. 104, 105.

massacres; l'attroupement promit au général et à deux commissaires de la Commune de se séparer après la signature de la pétition.

Plusieurs heures se passèrent ainsi. Un détachement de garde nationale avait été laissé en dehors du Champ de Mars pour signaler les mouvements hostiles. On croyait, à l'Hôtel de Ville, que tout se passerait paisiblement, lorsqu'on vint dénoncer à l'Assemblée nationale les projets très réels des émeutiers. Elle mande aussitôt à sa barre le maire de Paris, décrète qu'il pourvoira à sa sûreté, à celle des Tuileries et de la capitale, et lui enjoint de publier la loi martiale. Le conseil de la Commune prit cette résolution et arbora le drapeau rouge.

Bailly, le corps municipal suivi des bataillons de grenadiers de service, se mirent en route. La Fayette les rejoignit avec un détachement nombreux de la garde nationale à pied et à cheval, et deux pièces de canon. On arriva au Champ de Mars vers huit heures du soir, les factieux s'étaient placés sur les glacis; dès que la municipalité parut, les invectives éclatèrent : « Honte à Bailly ! Mort à La Fayette ! » Des mottes de terre[1] détrempées par la pluie, des pierres volèrent de toutes parts sur la garde nationale, sur Bailly, sur le cheval du commandant général ; un coup de pistolet atteignit un dragon qui s'était joint aux volontaires et le blessa. Bailly fit faire les sommations légales, on y répondit par des huées ; alors avec la douleur grave de son caractère, il donna l'ordre de dissiper l'émeute par la force ; La Fayette fit d'abord tirer en l'air ; mais la populace se reformant derrière la garde nationale, l'accabla de nouveau de pierres. Alors une décharge mortelle éclata sur toute la ligne, la cavalerie chargea, les canonniers se préparèrent à faire feu. La Fayette poussa son cheval à la gueule du canon, et par ce mouvement hardi préserva un grand nombre de victimes.

Si l'on en croit Bailly, il y eut onze ou douze tués, dix ou onze blessés qui furent transportés

---

1. Voir *Discours de Bailly à l'Assemblée nationale.*

aussitôt dans un hôpital; deux chasseurs volontaires en revenant, furent assassinés, un canonnier fut tué à coups de couteau. Les journaux grossirent le nombre des morts pour grandir le ressentiment du peuple et donnèrent à cette journée le nom de massacre du Champ de Mars. Elle donna à l'Assemblée nationale trois mois de sécurité dont elle ne profita guère; le lendemain Bailly vint lui rendre compte du triomphe de la loi, il rappela la lettre qu'il avait reçue du président « la nécessité de dissiper la conjuration tramée contre la patrie, de faire cesser les troubles fomentés par des étrangers soudoyés, le devoir qui lui était imposé d'assurer la vie et la propriété menacées de tous les citoyens, enfin la nécessité d'assurer la liberté des délibérations de l'Assemblée nationale. » Il ajouta : « qu'un scélérat avait tiré à bout portant un coup de fusil à La Fayette, mais qu'heureusement le coup avait manqué. »

Les remerciements de l'Assemblée au maire de Paris et à la garde nationale furent votés presque à l'unanimité; mais les clubs se rouvrirent le soir. Ils se firent accusateurs, leurs feuilles couvrirent de ridicule et d'exécration les noms de Bailly et de La Fayette; Fréron écrivait : « Il vous tardait, Bailly, et vous, traître La Fayette, de faire usage de cette arme de la loi martiale si terrible à manier. Non, non, rien ne lavera plus la tache indélébile du sang de vos frères, qui a rejailli sur vos écharpes et vos uniformes. Il en est tombé jusque sur vos cœurs. C'est un poison lent qui vous dévorera jusqu'au dernier. »

Une multitude furieuse vint la nuit, en l'absence de La Fayette assaillir son hôtel, criant qu'il fallait assassiner sa femme et porter sa tête au-devant du général [1]. Madame de La Fayette prit dans ce danger pressant, les précautions nécessaires avec un calme surprenant; on avait doublé la garde qui se mit en bataille devant la porte; mais les assaillants furent au moment d'entrer par le jardin qui donnait

1. *Vie de madame de La Fayette.*

sur la place du Palais Bourbon. Ils escaladaient déjà le petit mur, lorsqu'un corps de cavalerie les dispersa.

On a dit que La Fayette, après le 17 juin 1791 avait eu encore une fois entre ses mains, la république ou la monarchie. Résolu comme un système, désintéressé comme un croyant, il resta fidèle à la politique constitutionnelle et s'y enferma.

Trois mois à peine séparaient la Constituante de la fin de son mandat; elle commettait la faute de déclarer ses membres non rééligibles, au moment même où elle allait procéder à la revision de la constitution. Combien d'hommes et de choses ces deux années avaient emportés! Les premiers rangs étaient tombés, et les grandes voix ne retentissaient plus. Tout le nœud de la situation était de savoir si la constitution une fois achevée, la nation se reconnaîtrait le droit de la reviser.

On se souvient de l'éloquent et courageux discours de Malouet; il débutait ainsi : « On vous propose de déterminer l'époque et les conditions de l'exercice d'un nouveau pouvoir constituant; on vous propose de subir vingt-cinq ans de désordres et d'anarchie, avant d'avoir le droit d'y remédier... En ne voulant que renverser les obstacles, vous avez renversé des principes et appris au peuple à tout braver. Vous avez pris les passions du peuple pour auxiliaires; c'est élever un édifice en sapant les fondements. Il n'y a de constitution libre et durable, hors le despotisme, que celle qui termine une révolution. »

La Fayette que le souci de l'ordre public, dans ces moments difficiles, retenait trop souvent loin de l'Assemblée, ne s'attacha qu'à maintenir hors de la constitution les décrets relatifs au clergé, afin d'assurer l'acceptation de Louis XVI, et à combattre la proposition de d'André qui remettait à trente ans la revision de la constitution.

Dès le 5 août, il avait fait une motion pour hâter l'achèvement de l'acte constitutionnel; et laissant prévoir sa démission de commandant général, il ajoutait :

« Je ne vous parlerai point de ces devoirs pénibles que la patrie a eu droit d'attendre de moi, parce que tous les genres de dévouement lui sont dus, mais dont il est permis de calculer impatiemment la durée. »

C'est dans la séance du 30 août qu'il eut à s'expliquer sur le droit imprescriptible qu'a la nation de modifier son gouvernement; il revendiqua le principe établi par un article de son projet de déclaration des droits.

« Je pense que la même Assemblée qui a reconnu la souveraineté du peuple français, qui a reconnu le droit qu'il avait de se donner un gouvernement, ne peut méconnaître le droit qu'il a de le modifier. — Je pense, qu'il serait attentatoire à ce droit souverain du peuple français d'adopter une proposition qui l'en prive pendant trente ans, c'est-à-dire pendant une génération tout entière, et je demande la question préalable [1]. »

1. *Mémoires*, t. III, p. 112

L'Assemblée se contenta de modifier la proposition de d'André, en invitant la nation à ne faire usage de son droit que dans trente ans; elle votait de plus un mode de revision qui ne séparait pas l'Assemblée spécialement nommée pour reviser la constitution des autres corps législatifs. La Fayette ne donna pas son vote à ces dispositions; quand il citait l'exemple des États-Unis, on l'interrompait en lui criant : « Ah! l'Amérique !...»

Il proposa alors, dans la séance du 31 août, un article additionnel bien modeste qui exigeait que pour tout vote sur une proposition de revision, il y eût appel nominal et scrutin public. C'était un article de règlement; il ne fut pas même adopté.

L'acte constitutionnel était achevé; il fut présenté solennellement au roi le 3 septembre. La surveillance du palais fut levée par La Fayette dès ce moment-là, les gardes intérieurs furent supprimés; toute liberté fut rendue à la famille royale. Thouret en rendant compte à l'Assemblée de sa visite aux Tuileries, prononçait ces paroles pleines d'illusion : « Tout présage que l'achèvement de la constitution sera aussi le terme de la Révolution. » C'était une des dernières heures d'espérance et de liberté.

Louis XVI donna quelques jours à l'examen qu'il était censé faire de la constitution ; le 13, il adressait à l'Assemblée un message concerté avec Barnave : « Le vœu du peuple n'est plus douteux pour moi, disait-il; j'accepte la constitution sous de meilleurs auspices... Pour éteindre les haines, consentons à un mutuel oubli du passé. »

L'Assemblée adopta à l'unanimité, sur la proposition de La Fayette, l'amnistie générale demandée par le roi ; toute la gauche, une partie de la droite retentirent d'applaudissements ; l'amnistie mit un terme aux poursuites commencées contre les factieux du Champ de Mars ; mais elle eut aussi le précieux avantage de rendre à la liberté un grand nombre de personnes qui, dans les départements [1], se trou-

---

1. *Mémoires*, t. III, p. 47.

vaient victimes d'injustices obscures et de l'esprit de parti.

Le lendemain, le roi parut à l'Assemblée et consacra solennellement l'acceptation qu'il avait donnée à l'acte constitutionnel ; la France eut quelques jours de délire et de confiance qui la ramenèrent à ses anciens sentiments pour Louis XVI. La proclamation de la constitution le 18 septembre, eut le caractère d'une fête religieuse. La Fayette conduisit la garde nationale au Champ de Mars pour assister à la lecture de l'acte constitutionnel faite à la nation du haut de l'autel de la Patrie. On eût dit que le peuple rachetait, par l'excès même des manifestations de sa joie, ce qui lui manquait en solidité et en durée.

Enfin le 30 septembre, le roi vint en personne faire la clôture de l'Assemblée constituante. « Sire, lui dit le président Target, en acceptant la constitution, vous avez fini la Révolution. » Et par une sanglante ironie, au moment où ces paroles étaient prononcées, la populace dételait les chevaux de la voiture de Robespierre et de Pétion, les ramenait en triomphe et les couronnait de feuilles de chêne.

La Fayette crut-il vraiment que l'ère de la Révolution était fermée ? Ses notes sont muettes sur ce point ; il voyait clairement les fautes de l'Assemblée à laquelle il avait appartenu ; ces fautes, il les a énumérées lui-même, il n'en a pas oublié une seule, depuis l'unité de chambre, la constitution civile du clergé, la suppression de l'inamovibilité des juges, jusqu'à l'affaiblissement systématique du pouvoir exécutif et des ressorts du gouvernement, et jusqu'à l'interdiction de la rééligibilité.

Dès les premiers jours de l'installation de l'Assemblée législative, La Fayette avait pu s'apercevoir que les rôles étaient changés, que les partis n'étaient plus divisés de la même manière, et que la liberté allait bientôt perdre ce que l'égalité de fait allait gagner. Les sociétés populaires échappaient de plus en plus à l'influence des constitutionnels ; comme l'expérience n'avait pas encore donné ses enseignements, comme les dangers n'étaient pas connus, les âmes honnêtes étaient plus faciles à s'égarer. Jamais, dans aucune de nos assemblées, ce qu'on appelle le centre n'a été plus nombreux ; jamais il n'a été aussi inerte ; jamais la direction d'un pouvoir décidé et ferme n'eût été plus nécessaire et jamais elle ne fit plus défaut. Les journaux et les pamphlets non seulement envenimaient les opinions, mais encore pervertissaient les imaginations, de telle sorte que la justice était désarmée, et qu'il n'y avait plus de répression possible contre la violence ; la garde nationale de Paris allait rapidement perdre cette unité de sentiments, cette discipline volontaire qui, sous le commandement de La Fayette, avait pu assurer l'ordre public. Son âme sincère et droite vit-elle clairement l'état social de la France?

L'exemple de Washington qui toujours hanta son imagination, lui fit donner sa démission de commandant en chef des gardes nationales de Paris. Dans ses adieux, il s'attacha à montrer que les jours de la Révolution faisaient place à ceux d'une organisation régulière.

« Gardez-vous cependant de croire, disait-il, que tous les genres de despotisme soient détruits, et que la liberté, parce qu'elle est constituée et chérie parmi nous, y soit déjà suffisamment établie. Elle ne le serait point si des opinions politiques ou des sentiments personnels, si surtout l'usage sacré de la liberté de la presse, pouvaient jamais servir de prétexte à des violences ; si l'intolérance des opinions religieuses, se couvrant du manteau de je ne sais quel patriotisme, osait admettre l'idée d'un culte dominant ou d'un culte proscrit ; si le domicile de chaque citoyen ne devenait pas pour lui un asile plus inviolable que la plus inexpugnable forteresse ; si enfin tous les Français ne se croyaient pas solidaires pour le maintien de leur liberté civile, comme de leur liberté politique et pour la religieuse observation de la loi. »

La Fayette savoura le 8 octobre ses derniers moments de popularité ; la municipalité de Paris lui vota une médaille avec des emblèmes et une statue en marbre de Washington. La garde nationale lui offrit une épée forgée avec les verrous de la Bastille et lui envoya, dans sa retraite à Chavaniac, une députation à qui le général fit cette réponse :

« Vous me voyez rendu aux lieux qui m'ont vu naître ; je n'en sortirai que pour défendre ou consolider notre liberté commune, si l'on voulait y porter atteinte. »

Madame de La Fayette avait quitté Paris avec joie ; leur voyage pour l'Auvergne fut long : ils s'arrêtèrent souvent afin de répondre aux marques de bienveillance qu'on ne cessait de leur donner en route. La Fayette traversait les villes et les bourgs à pied, et recevait des couronnes civiques de quoi emplir la voiture. Toute la famille se réunit à Chavaniac auprès de la vieille tante de La Fayette qui avait autant de grâce que d'esprit. Madame d'Ayen et la vicomtesse de Noailles vinrent partager leur bonheur ; madame de La Fayette encore fatiguée de tout ce qu'elle avait souffert depuis deux ans, ne pouvait se livrer à une entière dilatation de cœur. Qu'aurait-elle dit, si elle avait lu les injures que certaines feuilles lançaient à La Fayette jusque dans sa retraite [1] : « Ce héros n'est qu'un courtisan ; ce sage n'est qu'un charlatan. »

Ce mari tant aimé écrivait le 20 octobre 1791 à la comtesse de Simiane :

« Je jouis, en amant de la liberté et de l'égalité, de ce changement total qui a mis tous les citoyens au même niveau, qui ne respecte que les autorités légales. Je ne puis vous dire avec quelle délectation je me courbe devant un maire de village. Il faut être un peu enthousiaste pour jouir de tout cela comme moi ; je ne demande pas que vous en jouissiez avec moi, mais du moins, jouissez-en pour moi. »

Ces mots, au lendemain d'un changement si brusque et si complet, ont bien leur éloquence.

1. Voir *Journal de la Révolution*, 1791.

La Fayette ne garda pas longtemps un repos si désiré, il faillit d'abord être tiré de sa retraite pour devenir maire, en remplacement de Bailly. C'eût été pour lui une lutte de tous les jours avec les Jacobins, lutte dans laquelle il eût été infailliblement tué. Il était en compétition avec Pétion. Heureusement la reine préféra le factieux à l'honnête homme et Pétion l'emporta. « M. de La Fayette, disait Marie-Antoinette, ne veut être maire de Paris que pour devenir bientôt maire du palais. Pétion est un jacobin, mais c'est un sot incapable d'être jamais chef de parti; ce sera un maire nul. » Et avec son ignorance des hommes, elle ajoutait : « D'ailleurs, il est possible que l'intérêt qu'il sait que nous prenons à sa nomination le ramène au roi. »

Pétion fut nommé maire de Paris par plus de six mille suffrages, La Fayette n'en obtint que trois mille. La bourgeoisie sortait des affaires avec l'un; les clubs y entraient avec l'autre.

Une nouvelle carrière plus faite pour l'entraîner allait s'ouvrir devant La Fayette : le 14 décembre, le roi était venu lui-même à l'Assemblée législative déclarer qu'il avait signifié à l'électeur de Trèves : « que si, avant le 15 janvier, tout attroupement armé de Français réfugiés n'avait pas cessé dans ses États, il ne verrait plus en lui qu'un ennemi de la France. »

A la même séance le ministre de la guerre, M. de Narbonne, annonçait la formation de trois armées de cinquante mille hommes et disait : « que la Patrie désignait pour chefs les généraux Rochambeau, Luckner, et La Fayette. » La salle retentit à plusieurs reprises d'applaudissements.

Lorsque[1] Narbonne proposa au conseil des ministres, la nomination de La Fayette, Louis XVI s'y opposa.

« Si Votre Majesté ne le nomme pas aujourd'hui, repartit le ministre, le vœu national vous y obligera demain. »

---

1. *Mémoires*, t. III, p. 291.

Le roi céda et La Fayette quitta Chavaniac fin décembre 1791, pour aller prendre son commandement.

Il ne devait revenir que quatorze ans plus tard dans cette retraite pleine pour lui de souvenirs d'enfance

XVII

Nous avons voulu faire juger La Fayette par ses lettres, ses discours et par ses fragments de Mémoires. Il nous semble que son caractère, ses idées sont maintenant connus. Sa conduite n'a jamais été ambiguë, il n'a manqué ni de résolution ni de courage, et son libéralisme de bon aloi n'a jamais fléchi. Il va passer, dans l'année 1792, par une décisive épreuve, il ne faillira pas davantage; à un jour donné, il se trouvera seul n'étant pas suivi par son parti découragé et décimé, et il continuera jusqu'au bout sa voie, celle qu'il croit être la vérité politique. C'est la période la plus dramatique de sa vie, celle où il eut à choisir entre l'exil et l'échafaud.

A proprement parler, les huit premiers mois de cette année 1792 ne furent pour lui qu'une lutte incessante contre les Jacobins; il entra dans cette lutte avec la conscience la plus droite qui fut jamais. Par une contradiction qui tient à son cœur, il s'étonne que la royauté qu'il avait mise aux arrêts soit moins respectée; de même aussi qu'après avoir tout fait pour empêcher la fuite de Varennes, il essayera de la recommencer en voulant enlever le roi à Compiègne; de même enfin qu'avec le sentiment impassible du juste et de la légalité, il n'hésitera pas pour défendre la constitution, à entrer en révolte contre l'Assemblée législative. Il fut un des seuls citoyens qui eurent le courage civil tout entier, uni à une sérénité parfaite et à une grande pitié.

Nous entrons dans le drame.

Quand La Fayette revint à Paris [1], Narbonne, le ministre de la guerre, était parti

---

1. *Mémoires*, t. III, p. 292 et suivantes.

pour visiter la frontière, en lui donnant rendez-vous à Metz avec Luckner et Rochambeau. Il fut reçu par Louis XVI avec politesse; et, se présentant à la barre de l'Assemblée, le 24 décembre 1791, il insista sur son dévouement inaltérable au maintien de la constitution. « Le peuple français qui a juré de vaincre ou de mourir pour la liberté, répondit le président Lemontey, présentera toujours avec confiance, aux nations et aux tyrans, la constitution et La Fayette. »

Quand il quitta Paris, la garde nationale bordait les rues. Il se rendit directement à son quartier général à Metz, où il fut convenu avec Narbonne que les trois généraux prendraient position à Liége, à Trèves et à Coblentz. Il écrit aussitôt à Washington (22 janvier 1792) :

« Lorsque j'ai vu nos libertés et la constitution sérieusement menacées, et que je pouvais être utilement employé à combattre pour notre vieille cause, je n'ai pas résisté aux vœux de mes concitoyens, et, aussitôt après l'arrivée du courrier du roi, je suis parti pour Paris, d'où je suis venu à Metz... Les régiments réguliers sont loin d'être complets. Les bataillons volontaires vont très bien; en général, les officiers et les sous-officiers sont patriotes, mais peu disciplinés. Un tiers des officiers est bon, un autre tiers est déjà parti; le reste, très mal intentionné, s'en va bientôt, j'espère. Ceux qui nous ont quittés sont assez bien remplacés. Nous manquons d'officiers généraux; je continue (et je suis le seul qui, à cause de ma popularité, puisse le tenter) à établir une sévère discipline, en dépit des clameurs jacobines; et je pense que l'armée ira bien. »

Les constitutionnels dont La Fayette étaient le chef allaient être les victimes des deux partis qui se disputaient l'ascendant : les Jacobins et les Girondins. Ils allaient être immolés à l'envie, aux méfiances et aux excitations populaires. Déjà, les Girondins avaient la main sur le pouvoir. Narbonne, se sentant menacé, s'était fait écrire une lettre ostensible par La

Fayette; dans cette lettre, le général disait au ministre (4 mars) : « Après avoir employé les conseils et les instances de l'amitié, j'userai des droits que me donne ma position, pour vous répéter que votre retraite, dans les circonstances actuelles, serait pernicieuse et, par conséquent, coupable. »

Tandis que cette démarche paraissait à Louis XVI une oppression exercée sur sa liberté personnelle, d'autre part, Narbonne avait blessé les susceptibilités démocratiques de l'Assemblée, en faisant appel « à ses membres les plus distingués ». Il est renvoyé le 9 mars; son collègue de Lessart est décrété d'accusation le lendemain. Le ministère girondin avec Rolland, de Grave et Dumouriez entre aux affaires, et, le 20 avril, sur la proposition formelle du roi, la guerre est déclarée.

Les trois généraux étaient à Paris pendant cette crise ministérielle; ils avaient été appelés au commencement de mars pour délibérer sur le plan d'une campagne qui paraissait dès lors inévitable. Rochambeau avait proposé que La

Fayette, avec son armée, entrât dans les Pays-Bas, « parce qu'il s'agit là d'une révolution, avait-il dit assez naïvement au conseil, et Votre Majesté sait que M. de La Fayette s'y connaît mieux que personne ».

Ce séjour [1] à Paris, se prolongeant, exaspérait les Jacobins. La lettre de La Fayette à Narbonne rendue publique n'était pas pour les calmer. Dans une séance orageuse au club des Jacobins, présidée par Danton, Robespierre, répondant à Brissot et à Guadet, s'était écrié :

« J'oublie vos injures, je dévore vos outrages, mais à une condition, c'est que vous combattrez avec moi les partis qui déchirent notre pays, et le plus dangereux de tous, celui de La Fayette, de ce prétendu héros des deux mondes qui, après avoir assisté à la révolution du nouveau monde, ne s'est appliqué jusqu'ici qu'à arrêter les progrès de la liberté dans l'ancien. Vous, Brissot, n'êtes-vous pas con-

---

1. *Les Révolutions de Paris.*

venu avec moi que ce chef d'une armée était le bourreau et l'assassin du peuple, que le massacre du Champ de Mars avait fait rétrograder de vingt ans la Révolution? Cet homme est-il moins redoutable parce qu'il est aujourd'hui à la tête de l'armée? Hâtez-vous donc! Faites mouvoir horizontalement le glaive des lois pour frapper toutes les têtes des grands conspirateurs; les nouvelles qui nous arrivent de son armée sont sinistres, déjà il sème la division entre les gardes nationales et la troupe de ligne... »

C'était un appel direct à la guillotine. La Fayette était retourné à Metz, il fut frappé de l'indiscipline que l'organisation jacobine semait dans ses troupes et dès les premiers jours du ministère de Dumouriez, il lui adressa un mémoire; La Rochefaucauld et Jaucourt le lui remirent, au nom de La Fayette, leur ami. Il y énumérait les conditions nécessaires à tout gouvernement pour durer; il s'engageait à faire respecter les lois, la dignité royale, la liberté religieuse; mais cet écrit n'eut aucun résultat.

La guerre venait d'être déclarée et Dumouriez n'avait pas d'autre pensée que de faire accepter à La Fayette un plan de campagne. Il le plaçait à la tête du premier corps d'armée qui devait pénétrer brusquement en Belgique, avant que la Prusse pût entrer en ligne; mais en devenant général, La Fayette était resté le chef du parti modéré. En faisant face à l'étranger, il regardait toujours vers l'intérieur; sans doute il avait besoin de la gloire pour reconquérir ce rôle d'arbitre de la Révolution qui commençait à lui échapper; mais il savait aussi qu'une défaite le perdrait; les hardiesses qui compromettent une armée ne convenaient pas à sa situation; il était fait pour défendre avec intrépidité la frontière plutôt que pour exécuter en pays ennemi les témérités de Dumouriez.

Aussi [1] quand au moment de la déclaration

1. *Mémoires*, t. III, p. 311.

de guerre, La Fayette fit une proclamation à son armée, il s'adressait à la nation autant qu'à ses troupes (10 mai 1892) :

« Convaincu par l'expérience d'une vie dévouée à la liberté, qu'elle ne se conserve que parmi les citoyens soumis aux lois, comme elle ne se défend qu'avec des troupes subordonnées, j'ai servi le peuple sans le flatter; et dans ma constante lutte contre la licence et l'anarchie, j'ai mérité l'honorable haine de tous les ambitieux et de toutes les factions. Aujourd'hui que l'armée attend de moi, non une pernicieuse complaisance, mais une discipline inflexible, c'est en remplissant rigoureusement ce devoir que je justifierai l'affection qu'elle m'accorde et l'estime qu'elle me doit...

» Soldats de la constitution, ne craignez pas qu'elle cesse de veiller pour vous, quand vous combattez pour elle.

» Sans doute, le corps législatif et le roi, s'uniront intimement dans cet instant décisif pour assurer l'empire de la loi ; les personnes et les propriétés seront respectées, la liberté civile et religieuse ne sera pas profanée... Tous les partis seront dispersés et la constitution dominera seule et sur les rebelles qui l'attaquent à force ouverte, et sur les traîtres qui, en la dénaturant par leurs viles passions, semblent avoir juré de la faire craindre au dedans et méconnaître au dehors...

» Oui, nous aurons ce prix de nos travaux et de notre sang; attestons-en avec confiance et les représentants élus du peuple, qui ont juré de ne pas plus transiger avec les devoirs de la constitution que nous avec les dangers, et son représentant héréditaire, ce roi citoyen dont la constitution a inébranlablement fondé le trône !...

» Quant à nous, munis des armes que la liberté a consacrées et de la déclaration des droits, marchons à l'ennemi ! »

Ce manifeste[1] qui s'adressait plutôt à des gardes nationales qu'à des soldats en campagne,

1. *Journal de Paris*, 5 mai 1792.

porte bien sa date. Il indique les préoccupations que les Jacobins, par leurs encouragements à l'indiscipline, par leur passion d'anéantissement de toute autorité militaire, laissaient dans l'esprit de La Fayette; et, en effet, quelques jours après, le général Dillon était abandonné par ses troupes; accablé d'injures et de menaces, forcé de se réfugier dans une ferme, il y fut rejoint par ses soldats qui le coupèrent par morceaux et les jetèrent au feu. Rochambeau, indigné des horreurs que l'indiscipline venait de produire, aussi bien que des changements apportés au plan de campagne primitif, avait envoyé sa démission. Le corps d'armée de La Fayette n'avait pas éprouvé d'échec; lui aussi avait reçu brusquement des ordres nouveaux, modifiant profondément les opérations projetées, il les avaient exécutés en se portant à marches forcées de Metz à Givet[1]. Dans une lettre confidentielle du nouveau ministre, M. de Grave, à Biron, lettre que celui-ci eut l'impru-

---

1. *Mémoires de La Fayette*, t. III, p. 318.

dence de montrer à Berthier alors attaché à l'état-major de La Fayette, le cabinet se préparait à faire tomber sur le général l'échec des opérations ; cette intrigue fut déjouée par l'activité des troupes et les bonnes dispositions prises par leur chef.

Ainsi finit cette première expédition dont les résultats déplorables encouragèrent les généraux étrangers à s'engager étourdiment dans la Champagne. Par suite de la retraite de Rochambeau, les armées furent partagées entre deux commandements, celui de Luckner et celui de La Fayette ; ce dernier reçut l'ordre de garantir Maubeuge ; et, dans une affaire d'avant-garde, son ami le général Gouvion fut emporté par un boulet. C'était par de petites rencontres que cette jeune armée se préparait à des combats plus considérables.

Cependant les Girondins et les Jacobins suspendaient un moment leurs animosités, pour renverser ce qui restait du faible pouvoir du roi. La bourgeoisie, personnifiée dans les Feuillants et dans La Fayette, restait seule attachée à la constitution, mais les Girondins n'étaient qu'un groupe ; les Jacobins, au contraire, étaient un parti puissamment organisé ; leurs clubs partout usurpaient le gouvernement et dominaient l'administration. A mesure que le pouvoir arraché des mains de Louis XVI par l'Assemblée s'évanouissait, il passait dans les mains de la Commune de Paris.

« Les Jacobins paraissaient si puissants, dit La Fayette, que personne n'osait attaquer corps à corps cette formidable secte. »

Il crut devoir la dénoncer publiquement à la nation ; il pensait qu'un exemple était nécessaire pour encourager la majorité de l'Assemblée, faible dans ses résolutions et dominée par la violence plus encore que par l'éloquence.

C'était un acte courageux. Le manifeste adressé à l'Assemblée législative était daté du 16 juin 1792 ; on y retrouve comme dans ses lettres, comme dans son adresse à ses soldats, l'esprit de l'époque, c'est-à-dire la foi absolue et presque naïve dans les idées !...

« Persuadé, messieurs, qu'ainsi que les droits de l'homme sont la loi de toute assemblée constituante, une constitution devient la loi des législateurs qu'elle a établis, c'est à vous-mêmes que je dois dénoncer les efforts trop puissants que l'on fait pour vous écarter de cette règle que vous avez promis de suivre.

» Rien ne m'empêchera d'exercer ce droit d'un homme libre et de remplir ce devoir d'un citoyen...

» Vos circonstances sont difficiles ; la France est menacée au dehors et agitée au dedans. Tandis que des cours étrangères annoncent l'intolérable projet d'attenter à notre souveraineté nationale, et se déclarent les ennemis de la France, des ennemis intérieurs, ivres de favoritisme et d'orgueil, entretiennent un chimérique espoir et nous fatiguent encore de leur insolente malveillance...

» Pouvez-vous dissimuler qu'une faction, et

pour éviter les dénominations vagues, que la faction jacobite[1] a causé tous les désordres? C'est elle que j'en accuse hautement; organisée comme un empire à part dans sa métropole et dans ses affiliations, aveuglément dirigée par quelques chefs ambitieux, cette secte forme une corporation distincte au milieu du peuple français, dont elle usurpe les pouvoirs, en subjuguant ses représentants et ses mandataires. C'est là que dans des séances publiques, l'amour des lois se nomme *aristocratie* et leur infraction *patriotisme;* là, les assassins de Désilles trouvent des triomphes, les crimes de Jourdan trouvent des panégyristes; là, le récit de l'assassinat qui a souillé la ville de Metz vient encore d'exciter d'infernales acclamations. Croirat-on échapper à ces reproches, en se targuant d'un manifeste autrichien où les sectaires sont nommés? Sont-ils devenus sacrés parce que

---

1. La Fayette se servait parfois du mot jacobite au lieu de jacobin, pour rapprocher par la même désignation deux partis qui lui paraissaient également opposés aux principes de liberté.

Léopold a prononcé leurs noms? Et parce que nous devons combattre les étrangers qui s'immiscent dans nos querelles, sommes-nous dispensés de délivrer notre patrie d'une tyrannie domestique?... C'est moi qui vous dénonce cette secte.

» Il faut que les citoyens ralliés autour de la constitution soient assurés que les droits qu'elle garantit sont respectés avec une fidélité religieuse, qui fera le désespoir de ses ennemis cachés ou publics... Faites que la justice criminelle reprenne sa marche constitutionnelle, que l'égalité civile, que la liberté religieuse jouisse de l'entière application des vrais principes; que le pouvoir royal soit intact, car il est garanti par la constitution; que le roi soit révéré, car il est investi de la majorité nationale; enfin que le règne des clubs anéanti par vous, fasse place au règne de la loi; leurs usurpations, à l'exercice ferme et indépendant des autorités constituées!... »

Ce document est un des plus précieux qui

nous soient restés; il caractérise mieux qu'aucun autre, la véritable situation de la France. Il faut avoir lu ces pages intrépides que l'on connaît peu, pour apprécier la conduite de La Fayette dans ces jours terribles où la délation et la peur paralysaient la conscience[1].

Cette dénonciation courageuse contre les Jacobins dont La Fayette avait adressé une copie au roi, fut écoutée avec un religieux silence et vivement applaudie. Les modérés demandèrent que la lettre fût imprimée et envoyée dans les départements. Les Girondins élevèrent des doutes sur son authenticité; Guadet en vint à prononcer le nom de Cromwell. La lettre, sur sa proposition, fut renvoyée au comité de surveillance pour vérifier la signature. Soixante-quinze départements et plusieurs grandes villes se hâtèrent d'exprimer leur adhésion aux principes que La Fayette avait proclamés. C'est alors que sous le prétexte de

---

1. *Mémoires de La Fayette*, t. III, p. 332, et *Souvenirs de Mathieu Dumas*, t. II.

devancer son action[1] une insurrection contre la cour fut résolue. Les Jacobins préparèrent la journée du 20 juin « avec la connivence de la Gironde, furieuse, dit La Fayette, d'avoir vu renvoyer ses ministres Clavières, Servan et Rolland. »

Nous ne décrirons pas cette journée où aux accents du *Ça ira*, une populace de tout sexe, de tout âge, de toute condition brandissant des armes de toute espèce, après avoir traversé la salle des séances, comme pour associer les représentants de la nation à leurs violences, allèrent accabler d'insultes dans son palais, le roi qui ne dut la conservation de la vie qu'à son courage tranquille, au dévouement de sa sœur, aux efforts de quelques gardes et d'un petit nombre d'amis, notamment du brave Aclocque et du maréchal de Mouchy[2].

La Fayette était campé devant Bavay et tout près de l'ennemi, lorsqu'il apprit ce nouvel attentat. Soutenir le roi qu'il avait primitive-

1. Voir *Mémoires de Barbaroux*.
2. Voir *La Chronique des cinquante jours* par Rœderer, 1 vol. in-8°, chez Lachevardière, 1832.

ment abaissé, lui parut une tentative digne à la fois de sa situation de chef de parti et de sa loyauté de soldat. Il chargea Bureaux de Puzy de se rendre à Menin où il supposait que se trouvait Luckner; il informait le vieux maréchal d'un changement de position pour ses troupes et surtout de son intention de se rendre à Paris, à moins que son collègue ne vît dans cette absence quelque inconvénient pour le service. Luckner blâma le voyage de La Fayette. « Les sans-culottes, dit-il à Bureaux de Puzy, lui couperont le cou. » Cependant il ne formula aucune objection contre l'absence momentanée de son jeune collègue.

Après avoir mis son armée en sûreté sous le canon de Maubeuge, La Fayette partit avec un aide de camp, M. de la Colombe, bien résolu à braver les Jacobins et à prendre hautement la responsabilité de son manifeste à l'Assemblée législative. Dans une lettre du 22 juin au ministre de la guerre, Lajart, il disait :

« Mon combat avec les factieux est à mort, et je veux le terminer bientôt. »

En traversant Soissons, La Fayette reçut l'administration départementale de l'Aisne qui vint le supplier d'abandonner sa résolution, tant on était persuadé qu'il succomberait dans cette lutte ; La Fayette fut inflexible, il descendit à Paris le 28 juin, chez son ami, le duc de La Rochefoucauld.

Sa mère, la duchesse d'Enville, la petite-fille de l'auteur des *Maximes*, l'avait élevé, en grande dame qu'elle était, au milieu des esprits les plus originaux et les plus libres de son temps ; il avait beaucoup vu, ayant beaucoup voyagé. Personne, si ce n'est son cousin germain, le duc de Liancourt, n'avait plus complètement rompu avec les préjugés et les vanités de caste. Simple et droit, comme les vrais aristocrates, il collaborait au journal *la Société de 89*. Ce n'est pas lui qui recula devant la nécessité de séculariser la société française et devant la proclamation du principe de l'égalité du partage entre les enfants. Élu le 17 janvier 1791, membre du Directoire du département de Paris, il avait la veille du 20 juin, d'accord avec ses collègues, constitutionnels comme lui, mandé Pétion et l'avait sommé de prendre sans délai toutes mesures nécessaires pour empêcher les rassemblements contraires à la loi, mesures que le maire ne prit pas [1]. C'était donc un homme de devoir que le duc de La Rochefoucauld ; il n'y avait pas d'âme plus libérale et plus haute, de caractère plus noble. On ne s'étonnera pas que La Fayette lui eût demandé l'hospitalité dans une des circonstances les plus graves de sa vie ; il réunit ses principaux amis, Mathieu Dumas, Ramond, Vaublanc, Dumolard, Lafont-Ladebat, Daverhoult, Quatremère, et leur annonça son intention de se rendre aussitôt à l'Assemblée.

1. Voir Toulongeon, *Histoire de France depuis 1789*, t. II, p. 179, 180. Édition de 1801.

XVIII

On était au 28 juin, La Fayette demanda au président de l'Assemblée d'être introduit; il se présenta seul à la barre et prononça ces paroles :

« Je dois d'abord vous assurer, messieurs, qu'après les dispositions concertées entre le maréchal Luckner et moi, ma présence ici ne compromet aucunement le succès de nos armes, ni la sûreté de l'armée que je commande.
» Voici maintenant les motifs qui m'amènent : on a dit que ma lettre du 16 à l'Assem-

blée nationale n'était pas de moi; on m'a reproché de l'avoir écrite au milieu d'un camp, je devais peut-être pour l'avouer me présenter seul et sortir de cet honorable rempart que l'affection des troupes formait autour de moi.

» Une raison plus puissante, messieurs, m'a forcé de me rendre au milieu de vous; les violences commises le 20 aux Tuileries ont excité l'indignation et les alarmes de tous les bons citoyens et particulièrement de l'armée. J'ai cru devoir arrêter sur-le-champ les adresses par l'ordre que je dépose sur le bureau; vous y verrez que j'ai pris avec mes braves compagnons d'armes l'engagement d'exprimer seul nos sentiments communs, et le second que je joins également ici, les confirme dans cette juste attente.

» ...Messieurs, c'est comme citoyen que j'ai l'honneur de vous parler; mais l'opinion que j'exprime est celle de tous les Français qui aiment leur pays, sa liberté, son repos, les lois qu'il s'est données; et je ne crains pas d'être désavoué par aucun d'eux. Il est temps de garantir la constitution des atteintes qu'on s'efforce de lui porter, d'assurer la liberté de l'Assemblée nationale, celle du roi, son indépendance, sa dignité; il est temps de tromper enfin les espérances des mauvais citoyens qui n'attendent que des étrangers le rétablissement de ce qu'ils appellent la tranquillité publique et qui ne serait pour des hommes libres qu'un honteux et intolérable esclavage. »

Il supplia l'Assemblée d'ordonner que les instigateurs et les chefs de la journée du 20 juin fussent poursuivis et punis, comme criminels de lèse-majesté; il demanda la suppression de la société des Jacobins « qui se substituait à la souveraineté nationale et tyrannisait les citoyens, les débats publics ne laissant aucun doute sur l'atrocité de ceux qui les dirigent. » Enfin il termina en sollicitant l'Assemblée de prendre des mesures efficaces pour faire respecter la constitution, « tandis que de braves Français prodiguaient leur sang pour la défendre aux frontières ».

C'était Girardin qui présidait; il répondit à La Fayette que l'Assemblée ayant juré de maintenir la constitution, elle saurait la garantir de toute atteinte. Les honneurs de la séance furent accordés au général [1]; ses ennemis commencèrent à se rassurer, voyant qu'il n'y avait ni baïonnettes, ni mesures pour assurer cette pétition; il fut témoin de la vive discussion à laquelle donna lieu son discours.

Guadet, un des meilleurs orateurs de la Gironde, usant de sa figure oratoire favorite, l'ironie, se demanda si l'armée autrichienne était battue : « Non, dit-il, nos ennemis sont toujours les mêmes, et cependant le général d'une de nos armées est à Paris! Quel puissant motif l'y amène donc? Ce sont nos troubles intérieurs. Je dirai que M. de La Fayette oublie lui-même le principe de la constitution qu'il recommande, lorsqu'il s'établit dans le sein du Corps législatif l'organe de tous les

---

1. *Souvenirs* de Mathieu Dumas, t. II. et *Mémoires de La Fayette*, t. III.

honnêtes gens du royaume qui ne l'ont chargé d'aucune mission. »

L'orateur demandait que le ministre de la guerre fût interrogé pour savoir de lui, si le général était venu à Paris par ordre ou par un congé ; il concluait enfin à ce que le Comité extraordinaire fît dès le lendemain un rapport tendant à interdire aux généraux d'armée de venir présenter des pétitions à l'Assemblée.

Ce fut Ramond qui répondit, Ramond, le peintre des Pyrénées, un des esprits les plus éclairés, les plus précis, les mieux équilibrés de la fin du xviiie siècle.

« On demande qui avait donné mission à M. de La Fayette d'émettre le vœu des honnêtes gens du royaume? Je demande à mon tour qui avait, le 20 juin, donné mission à cette multitude armée de venir au nom de la nation entière et de s'exprimer au nom du peuple souverain et de sa souveraineté? Il y a deux manières de considérer les choses; qu'il soit permis à cette Assemblée, fille de l'Assemblée constituante trop souvent calomniée, même à cette tribune, de faire quelque acception de personne, en faveur du *fils aîné de la Révolution française!* »

Après avoir justifié la démarche de La Fayette Ramond demanda que la pétition du général fût envoyée au Comité extraordinaire, mais pour qu'il soit délibéré sur le fond.

Malgré les efforts d'Isnard, la discussion fut fermée ; la question de priorité entre la proposition de Guadet et celle de Ramond donna lieu à de violents débats, le président Girardin fut insulté ; le tumulte n'empêcha pas que la priorité ne fût acquise à la proposition de Ramond.

La Fayette avant que la discussion fût achevée, s'était rendu chez le roi ; la famille royale était réunie. La cour fut très frappée de cette démarche, jamais Louis XVI ne parut s'exprimer avec plus de conviction ; il était alors persuadé qu'il n'y avait de salut que dans la constitution, il ajouta qu'il regarderait comme très heureux que les Autrichiens fussent battus le plus tôt possible. Madame Élisabeth parut plus particulièrement touchée de cette visite et quand il fut question de décider quelle conduite on tiendrait relativement à La Fayette, elle dit qu'il fallait oublier le passé et se jeter avec confiance dans les bras du seul homme qui pût sauver le roi et sa famille, mais Marie-Antoinette se leva et répliqua : qu'il valait mieux périr que d'être sauvé par La Fayette et les constitutionnels.

Elle conforma le jour même sa conduite à ses paroles.

La Fayette, dans cette circonstance, compromettait sa popularité autant que sa vie ; il avait reconnu, par la séance même de l'Assemblée législative, qu'il n'y avait plus à compter sur l'énergie des députés ; il chercha donc à ranimer leur confiance et leur courage en eux-mêmes par une manifestation de l'esprit public. Louis XVI devait le lendemain passer une revue de quatre mille hommes de garde nationale ; La Fayette lui demanda la permission de l'accompagner [1]. Il annonçait la résolution, dès que le roi se serait retiré, de haranguer les gardes nationaux et de faire ce qu'il croirait nécessaire pour la défense de la constitution et de l'ordre public. Marie-Antoinette, chose étrange, fit avertir dans la nuit Pétion et Santerre que La Fayette se proposait de passer une revue des bataillons de la garde nationale commandée par Aclocque, afin de les provoquer à une réaction contre les Jacobins et les clubs. Pétion s'empressa de contremander, avant le jour, la revue projetée.

Ce moyen lui échappant, La Fayette réunit quelques officiers influents de la garde nationale et leur représenta les dangers où l'apathie de chacun plongeait la chose publique. Ceux qui l'écoutaient, détestaient comme lui le joug des Jacobins ; tous étaient patriotes ; et cependant il ne sortit de ces colloques animés aucune mesure énergique vis-à-vis d'une minorité s'appuyant sur une poignée de Marseillais que les

---

[1]. *Mémoires de La Fayette.* t. III et t. IV, p. 337.

clubs avaient appelés. Depuis dix mois, la garde nationale de Paris était désorganisée : l'introduction des hommes armés de piques avait successivement porté dans ses rangs, la méfiance et le dégoût ; l'esprit de corps et la subordination volontaire avaient disparu avec l'unité de commandement et la sérieuse composition des états-majors. Il n'eût fallu rien moins que des bataillons entiers ralliés sous les drapeaux de 90, pour que La Fayette pût entraîner les masses.

Il repartit tristement le 30 juin afin de rejoindre son armée, consterné de tant d'inertie et d'imprévoyance ; voulant faire son devoir, jusqu'au bout, il adressait à l'Assemblée législative cette autre lettre :

« En retournant au poste où de braves soldats se dévouent à mourir pour la constitution, mais ne veulent et ne doivent prodiguer leur sang que pour elle, j'emporte un regret vif et profond de ne pouvoir apprendre à l'armée que l'Assemblée nationale a daigné statuer sur ma pétition. Le cri de tous les bons citoyens du royaume que quelques clameurs confuses s'efforcent en vain d'étouffer, avertit journellement les représentants élus du peuple et son représentant héréditaire que, tant qu'il existera près d'eux une secte qui entrave toutes les autorités, menace leur indépendance et qui, après avoir provoqué la guerre, s'efforce en dénaturant votre cause, de lui ôter des défenseurs; tant qu'on aura à rougir de l'impunité d'un crime de lèse-nation qui a excité les justes et pressantes alarmes de tous les Français et l'indignation universelle, notre liberté, nos lois, notre honneur, sont en péril. — Telles sont, les vérités, messieurs, que les âmes libres et généreuses ne craignent pas de répéter. Révoltées contre les factieux de tous les genres, indignées contre les lâches qui s'aviliraient au point d'attendre une intervention étrangère, pénétrées du principe que je m'honore d'avoir le premier professé en France : *que toute puissance illégitime est oppression, et qu'a'ors la résistance devient un devoir,* elles espèrent que les lois des représentants du peuple vont les délivrer. Quant à moi, messieurs, je ne changerai jamais ni de principes, ni de sentiments, ni de langage. »

Une victoire sur les Autrichiens aurait peut-être modifié l'état des choses. La Fayette envoya Bureaux de Puzy à Luckner pour l'inviter à une bataille combinée près de Mons ; Luckner refusa obstinément d'attaquer. D'autre part, les députés jacobins envoyés en Flandre, en qualité de commissaires, poussaient la malveillance jusqu'à intercepter ses réquisitions[1] et à donner l'ordre au général Chazot qui devait amener des renforts de ne pas obéir à La Fayette.

Alors il eut recours à d'autres plans pour sauver la constitution. Le motif de sa démarche à l'Assemblée était généreux, le péril grand ; mais les moyens, il faut l'avouer, étaient nuls. La Fayette n'eut plus qu'une pensée : celle de

---

1. *Mémoires.* t. IV, p. 343. — *Correspondance*, t. IV, p. 452.

faire évader le roi des Tuileries, non point par religion monarchique, mais par devoir envers son pays et la liberté. Nous avons entre les mains les documents justificatifs de ses sentiments : son aide de camp La Colombe, resté à Paris, lui donnait des nouvelles; La Fayette lui répondait :

« Ce que vous me mandez pour les dispositions du roi me fait plaisir, mais je vous déclare qu'en fait de liberté, je ne me fie ni à lui, ni à personne, et que s'il voulait trancher du souverain, je me battrais contre lui, comme en 1789; mais si, respectant la souveraineté nationale, il veut assurer dans ce pays-ci une constitution libre, jouer personnellement un rôle admirable, alors nous pouvons parler et ce ne sera jamais que la Déclaration des droits à la main. »

Il voulait que son plan de salut fût constitutionnel, légal, irréprochable, sans apparence de dictature. Or, par une disposition nouvelle des corps d'armée et par suite d'un mouvement de troupes concerté entre les généraux, une colonne appartenant à l'armée de La Fayette devait passer à vingt lieues de Compiègne. Ce château royal était compris dans le rayon constitutionnel où le roi pouvait légalement faire son séjour; selon le projet de La Fayette, Luckner et lui auraient été appelés à Paris pour la fête de la Fédération. Alors Louis XVI, accompagné de ces deux généraux, se serait rendu à l'Assemblée et aurait annoncé son intention d'aller passer quelques jours à Compiègne, ainsi qu'il en avait le droit; il y aurait trouvé des gardes nationales fidèles et deux régiments commandés par Latour-Maubourg; ainsi entouré, le roi, dans toute sa liberté, aurait lancé une proclamation interdisant aux princes ses frères et aux émigrés d'aller plus avant. Il aurait en même temps déclaré qu'il se tenait prêt à marcher lui-même contre les armées étrangères, si l'Assemblée le trouvait bon.

La Fayette croyait, en toute sincérité, que Louis XVI, après une pareille manifestation, serait rentré à Paris aux acclamations de tout le peuple, que les jours de la famille royale auraient été sauvés, les Jacobins déconcertés, et que les modérés auraient repris courage.

Quelques amis personnels du roi, particulièrement Lally-Tollendal, tentèrent les plus grands efforts pour faire accepter les propositions de La Fayette. « Nous savons bien, répondaient les courtisans, que M. de La Fayette sauvera le roi, mais il ne sauvera pas la monarchie. » C'était surtout Marie-Antoinette qui ne voulait rien devoir à celui qui avait tant abaissé son orgueil. Elle se souvenait de cette parole de Mirabeau : « En cas de guerre, La Fayette voudrait tenir le roi prisonnier dans sa tente. » Et elle ajoutait en faisant allusion aux événements du 6 octobre : « Il serait trop fâcheux pour nous de lui devoir deux fois la vie. » Pauvre femme! elle croyait tenir, par la main de mystérieux agents, le fil de la conduite des grands démagogues.

La Fayette fut remercié et écarté; et lorsque son aide de camp La Colombe demandait à

Marie-Antoinette par quel aveuglement le roi et elle refusaient de se réfugier au milieu des troupes[1] : « Nous sommes bien reconnaissants envers votre général, répondait-elle, mais ce qu'il y aurait de mieux pour nous, c'est d'être enfermés trois mois dans une tour. » L'infatuation de la cour au milieu d'intrigues obscures était inimaginable ; La Fayette va jusqu'à affirmer qu'au moment même où il offrait le seul moyen de salut qui lui restât, une partie des libelles destinés à le diffamer journellement était payée par la liste civile.

Il serait trop long d'exposer toutes les violences des Jacobins et même des Girondins contre La Fayette; Brissot, longtemps son ami, s'écrie dans une séance du club des Jacobins : « Cet homme a levé le masque; égaré par une aveugle ambition, il s'érige en protecteur. Cette audace le perdra; que dis-je! Elle l'a déjà perdu. » — « Unissons-nous, dit à son tour Robespierre, pour accuser La Fayette. » Des

---

1. *Mémoires*, t. IV, p. 347.

pétitions inspirées par lui et Danton demandent contre le général un exemple terrible. Un attroupement se forme devant sa maison, les plus forcenés brûlent un arbre de la liberté, planté devant la porte. Les diffamations, dans les journaux, comme *le Patriote* et *la Chronique*, étaient portées aux plus honteux excès.

Cependant le Comité extraordinaire des Douze, auquel l'Assemblée avait renvoyé la lettre de La Fayette, avait dressé un premier rapport; la discussion en fut renvoyée après la fête de la Fédération, mais l'arrivée de Luckner à Paris parut aux Jacobins une occasion de recourir à de nouvelles calomnies : la députation des fédérés de Marseille le 16 juillet, arguant de la déclaration des dangers de la Patrie, était venue à la barre de l'Assemblée demander la mise en accusation de La Fayette, les violents n'avaient pu enlever le vote par entraînement, ni l'arracher à la majorité par la crainte.

On résolut alors de faire appeler Luckner devant le Comité des Douze. Il s'y présenta le 18 juillet avec un de ses aides de camp, Mathieu de Montmorency ; le général Mathieu Dumas assistait à la séance comme membre du comité[1]. Guadet, un des ennemis acharnés de La Fayette, interrogea le vieux maréchal sur la question de savoir s'il avait eu connaissance de la résolution prise par son collègue de se rendre à Paris et si cette démarche avait reçu son approbation. Luckner parut embarrassé et répondit vaguement ; vivement pressé par ceux qui cherchaient à lui arracher quelque aveu compromettant, il dit « *qu'il ne se mêlait pas de toutes ces intrigues* ».

Cette réponse inconsidérée de Luckner était plus qu'une inadvertance, elle parut un manque de foi à Mathieu Dumas qui était un des auditeurs. Les ennemis de La Fayette ne pouvaient laisser passer de pareilles expressions sans les retenir ; aussi Mathieu de Montmorency fut-il très affecté de cette attitude et il dit très noblement au maréchal :

« D'après ce qui vient de se passer, je vous

---

1. *Souvenirs de Mathieu Dumas*, t. II, p. 375.

prie de me dispenser à l'avenir de faire auprès de vous le service d'aide de camp. »

Un souper fut offert à Luckner par Gobel, l'évêque constitutionnel de Paris ; il y but beaucoup et y parla davantage. Six députés jacobins qui étaient au nombre des convives, déclarèrent le lendemain à l'Assemblée que, d'après les aveux du maréchal, l'objet de la dernière mission du colonel Bureaux de Puzy auprès de lui avait été de l'engager à marcher avec La Fayette à la tête de leurs deux armées contre la capitale. Sur cette dénonciation, l'Assemblée se crut obligée de demander des explications aux deux généraux et de mander Bureaux de Puzy à sa barre pour rendre compte de sa mission.

Tous les moyens étaient bons pour frapper La Fayette. Un nouveau rapport des Comités fait le 15 juillet concluait à l'interdiction aux généraux du droit de pétition ; Bazire demanda au lieu de cette loi nouvelle, un décret pur et simple d'accusation. L'Assemblée, sur la proposition de Quinette, avait ajourné la discussion jusqu'au moment où le Comité aurait présenté un rapport particulier sur la conduite de La Fayette; ce fut le 19 que Muraire déposa le rapport sur la tribune. Il déclarait que la conduite de La Fayette n'avait paru contraire à aucune loi.

La discussion sérieuse et à fond s'entama; les tribunes huaient les orateurs qui, comme Limousin, défendaient le général. Pour la populace, les attaques les plus diffamatoires, les déclarations politiques les plus creuses deviennent vite des vérités concrètes. Lorsque le président Laffon-Ladébat voulut faire sortir les fédérés qui proféraient des insultes et des menaces, ses ordres furent méprisés; les officiers qu'il envoya pour mettre de l'ordre furent repoussés avec violence. Le girondin Lasource commença son discours par ces mots: « Je veux renverser une idole. » Dumolard s'était chargé de lui répondre; fréquemment interrompu par des sarcasmes, par des menaces, il affronta courageusement les tempêtes et déroula le tableau « des intrigues secrètes de la faction qui dissolvait tous les liens du corps social ».

C'est alors que Guadet (séance du 21 juillet) monta à la tribune pour appuyer la nouvelle dénonciation arrêtée par les convives de l'évêque Gobel. Girardin somma Guadet de signer cette pièce et de la déposer sur le bureau. La Fayette à qui la dénonciation fut signifiée répondit le 26 juillet du camp de Longwy :

« Je suis interpellé sur un fait : ai-je proposé à M. le maréchal Luckner de marcher avec nos armées sur Paris ? A quoi je réponds en quatre mots fort courts : Cela n'est pas vrai. »

La réponse de Luckner fut également négative ; il la communiqua à La Fayette et l'avertit des intrigues qu'il avait enfin aperçues, et il avouait que « Paris lui faisait horreur ». Mais ce fut le colonel Bureaux de Puzy, chef d'état-major, qui défendit le plus noblement et le plus vaillamment La Fayette.

Mandé à la barre, il s'y rendit dans la séance

du 29 juillet; le discours qu'il prononça est un des documents les plus instructifs de cette douloureuse époque, non seulement parce qu'il rétablit la vérité des faits, mais encore parce qu'il signale à tous les hommes de bonne foi les pièges que l'esprit de parti tend à l'honnêteté et au patriotisme dans les heures où la conscience est troublée. Nous ne pouvons donner cette longue défense de La Fayette qui fait le plus grand honneur au courage de celui qui devait être son compagnon de prison, en même temps qu'elle fait ressortir ses vigoureuses qualités d'esprit. Voici quelques extraits :

« Telle est la douloureuse extrémité où je me trouve réduit, que pour éviter d'être compromis par une fausse imputation, dont chacun peut aisément calculer l'importance et le danger, je suis obligé de convaincre d'imposture, qui ? des législateurs qu'on devrait distinguer des autres citoyens à leur modération, à leur justice, à leur amour pour la vérité ; ou, un général d'armée, un vieillard vénérable (le maréchal Luckner) dont la gloire a marqué la carrière ; des hommes publics enfin entre les mains desquels sont déposés les plus grands intérêts de l'État, à qui la confiance de la nation est nécessaire et qu'il serait à désirer de voir entourés de son estime. »

Il donnait ensuite les plus amples explications sur les mouvements militaires de La Fayette, sur la mission qu'il lui avait confiée auprès de Luckner, démontrait l'absurdité des propos allégués, en s'appuyant sur des pièces probantes; et en terminant son discours, il portait le défi à ses calomniateurs de résister aux arguments qu'il venait d'exposer.

« Sans autres armes que la vérité, dit-il, je les poursuivrai avec elle seule, et après les avoir dépouillés du manteau hypocrite de probité et de patriotisme sous lequel ils se déguisent, je les livrerai, dans toute leur difformité, à l'indignation des gens de bien. »

L'éloquence toute militaire de Bureaux de Puzy avait produit une vive impression sur l'Assemblée. Admis aux honneurs de la séance, il entendit les violentes répliques de Lasource et de Guadet.

Vaublanc leur répondit au nom des modérés et appuya le renvoi à la commission. La discussion fut reprise le 8 août et Vaublanc insista de nouveau, en entrant dans les détails, sur l'importance des mouvements stratégiques des armées de La Fayette et de Luckner et il termina son discours par ces mots :

« Pour rester libre, il faut un gouvernement. Un peuple qui ne veut point être gouverné selon ses lois, est un peuple mutin et non un peuple libre. »

L'impression de ce discours fut votée malgré l'opposition des Girondins et des Jacobins et malgré les huées des tribunes.

Ce fut Brissot qui demanda formellement la mise en accusation de La Fayette. « Il veut être à tout prix, dit-il, le modérateur, voilà sa passion favorite; voilà la clef de toute sa conduite. »

Était-ce donc un crime? L'Assemblée ne le pensa pas. On demanda l'appel nominal et 406 voix contre 224, repoussèrent la mise en accusation. La fureur des Jacobins dépassa toutes les bornes. Les députés qui avaient été les défenseurs de La Fayette furent insultés, attaqués, poursuivis hors de l'enceinte de la salle. Dumolard, Vaublanc, Daverhout, Quatremère, Froudière se réfugièrent avec peine dans le corps de garde de la cour du Palais-Royal et ne purent se soustraire aux violences populaires qu'en s'évadant par une fenêtre[1]. Mathieu Dumas eut aussi sa part de mauvais traitements : il sortait par le passage qui communiquait de la salle au couvent des Capucins, lorsqu'il fut entouré par une bande de tricoteuses, conduites par un forcené; foulé aux pieds; il eût péri si Girardin qui le suivait n'eût appelé au secours deux huissiers de l'Assemblée. Ils traînèrent Dumas par les jambes au dedans du corridor, et il put se réfugier au

---

1. *Souvenirs de Mathieu Dumas*, t. II, p. 451.

dépôt de la Guerre, dont il était encore le directeur.

Le surlendemain était le 10 Août.

Un aide de camp de La Fayette, M. de Rohan-Chabot, avait passé deux jours et deux nuits à la porte du roi, en costume de garde national. Reconnu et arrêté, il fut jeté dans la prison de l'Abbaye qui ne s'ouvrit qu'aux assassins de Septembre.

L'armée commandée par des généraux constitutionnels, reçut avec stupeur la nouvelle du renversement de la constitution; mais l'arrivée des commissaires de l'Assemblée devait la faire changer rapidement d'attitude. La faculté d'espérer, parfois disproportionnée aux circonstances, persistait chez La Fayette; si elle était un instant contenue, elle reprenait les devants au moindre jour qui s'ouvrait; seul de tous les généraux, il prit une attitude politique.

Il comptait sur son état-major, sur l'affection des soldats, sur leur serment d'obéissance; il espérait rallier à la constitution de 1791, les soixante-quinze départements qui avaient adhéré à sa lettre du 16 juin demandant la fermeture du club des Jacobins. Il consulta sa conscience qui était droite et elle lui dit que le 10 Août marquait le passage de la révolution constitutionnelle à l'ère de la terreur, que c'était le commencement de la démoralisation politique de la France; qu'il avait approuvé et servi une révolution dont le but était la conquête et la défense des droits de l'homme, tandis que « maintenant un petit nombre de factieux organisés voulaient faire plier la nation devant eux et la contraindre de penser comme eux ». Il résolut donc de défendre la liberté et l'égalité.

Trois commissaires avaient été, dès le premier moment, envoyés vers lui : Kersaint, Antonelli et Peraldi. Ils lui firent savoir qu'il ne tenait qu'à lui d'obtenir un grand pouvoir et de jouer le premier rôle dans cette révolution nouvelle. C'était bien peu le connaître.

« A quel signe, écrit-il, le chef d'une doctrine de liberté présentée à l'humanité entière aurait-il pu faire distinguer cette liberté sainte, de la révolte, de la licence, de l'anarchie, des attentats de la plus coupable tyrannie, si, tandis que les despotes et les aristocrates de l'empire s'efforçaient de discréditer ces principes par leurs calomnies, et en même temps que les Jacobins les déshonoraient par leurs actions, il avait éteint lui-même le flambeau qu'il s'était chargé de tenir constamment élevé, afin qu'au milieu de tant de profanations, les vérités éternelles de la liberté ne pussent jamais être méconnues. »

Il ne voulut donc conclure aucun pacte avec les hommes qui avaient renversé par la force la constitution de 91 ; mais aussi il regardait comme un devoir plus sacré de ne point compromettre la défense du territoire et de ne procurer aucun avantage aux armées étrangères.

Le général chercha donc un moyen constitutionnel de ne point se soumettre à un pouvoir qu'il considérait comme usurpé. Son quartier général étant à Sedan, il avisa que la seule autorité légale à laquelle il dût obéissance était l'administration départementale des Ardennes, et qu'en ce moment elle était pour lui le souverain. Sous son inspiration, les autorités municipales arrêtèrent les trois commissaires de l'Assemblée; il fit prendre les armes à la garde nationale de la ville et aux troupes du camp, sous les ordres du général Latour-Maubourg, pour renouveler solennellement la prestation du serment civique[1]. Il donna, pour employer son expression : *l'exemple d'une sainte résistance à l'oppression*.

Il se fiait à l'esprit et à l'organisation des administrations départementales pour le rétablissement de la constitution : « La France, disait-il, n'eût pas été associée aux crimes commis dans la capitale, la liberté eût été préservée des souillures qui ont retardé son triomphe, et les frontières auraient été mieux défendues par le pur enthousiasme des citoyens que par les indignes moyens de ter-

---

1. *Mémoires*, t. III, p. 397.

reur qui ont amené plus tard de si terribles déchirements. »

Les illusions de La Fayette durèrent peu. Luckner fit en pleurant sa soumission; Biron, l'intime ami du duc d'Orléans, qui commandait sur le Rhin, céda; en Flandre, Arthur Dillon, royaliste d'opinion, s'entendit avec Dumouriez. Seuls à Strasbourg, Diétrich, Cafarelli, Victor de Broglie et quelques autres résistèrent avec énergie à la violation de la constitution.

Tous les moyens d'intrigue et de corruption étaient employés par de nouveaux émissaires jacobins[1] envoyés de Paris pour ébranler les dispositions de l'armée fidèle à La Fayette. Le moment approchait où la résistance ne pourrait plus se continuer, sans mettre aux prises « les troupes fidèles à la loi avec les troupes déjà séduites; divisions cruelles, dit La Fayette, dont les ennemis n'auraient pas manqué de profiter ». L'enthousiasme pour lui s'assoupis-

---

1. *Mémoires*, t. III p. 400.

sait ; déjà les canonniers avaient refusé de
s'associer à sa protestation ; une revue qu'il
passa lui révéla des dispositions de plus en
plus hostiles. D'autres défections, l'opposition
formelle du département de l'Aisne sur lequel
il comptait, les imprécations des clubs de la
capitale, dont les échos arrivaient jusqu'à lui,
rendaient sa situation de plus en plus pré-
caire. Destitué par l'Assemblée, décrété d'accusation le 19, il sentit que la fortune l'abandonnait, que sa popularité était vaincue, que
la Révolution lui échappait et allait se retourner
contre lui. Il se condamna lui-même à l'ostra-
cisme et résolut de chercher un asile en pays
neutre, pour soustraire aux bourreaux sa
tête proscrite, dans l'espoir qu'il pourrait un
jour servir encore la liberté et la France.

Son principal souci fut d'empêcher que son
départ ne nuisît à la sûreté de l'armée et de
la frontière ; il adressa une lettre d'adieux à
la municipalité de Sedan, lettre qui se terminait par ces mots : « Pénétré de douleur de ne
« pouvoir plus, en ce moment, être utile à la

patrie, je ne me consolerai qu'en faisant des vœux pour que la cause sacrée de la liberté et de l'égalité, profanée, si elle pouvait l'être par les crimes d'une faction, ne soit pas, du moins, pour longtemps asservie et en renouvelant le serment, dans les mains d'une Commune vraiment patriote, d'être fidèle aux principes qui ont animé ma vie entière. »

Si personne n'écouta la voix de La Fayette, s'il fit de la liberté « un parti abstrait qui ne se trouvait nulle part », ce fut la chimère d'une grande âme.

Il quitta la France le 20 août; quinze officiers de divers grades l'accompagnaient; dans le nombre étaient les trois Latour-Maubourg, les trois Romeuf, ses compatriotes; La Colombe, Bureaux de Puzy.

Alexandre de Lameth, qui commandait à Mézières, aussi décrété d'accusation, vint le rejoindre avec cinq autres officiers. Plusieurs rentrèrent successivement en France.

Tel fut le rôle de La Fayette pendant la Révolution, rôle difficile, ingrat, très vite impopulaire, comme celui des modérés dans les temps où les passions sont déchaînées, mais rôle qui joué par une âme à la fois douce et bien trempée, met au jour et développe les plus hautes qualités morales.

La Fayette n'était pas au bout de ses épreuves.

FIN

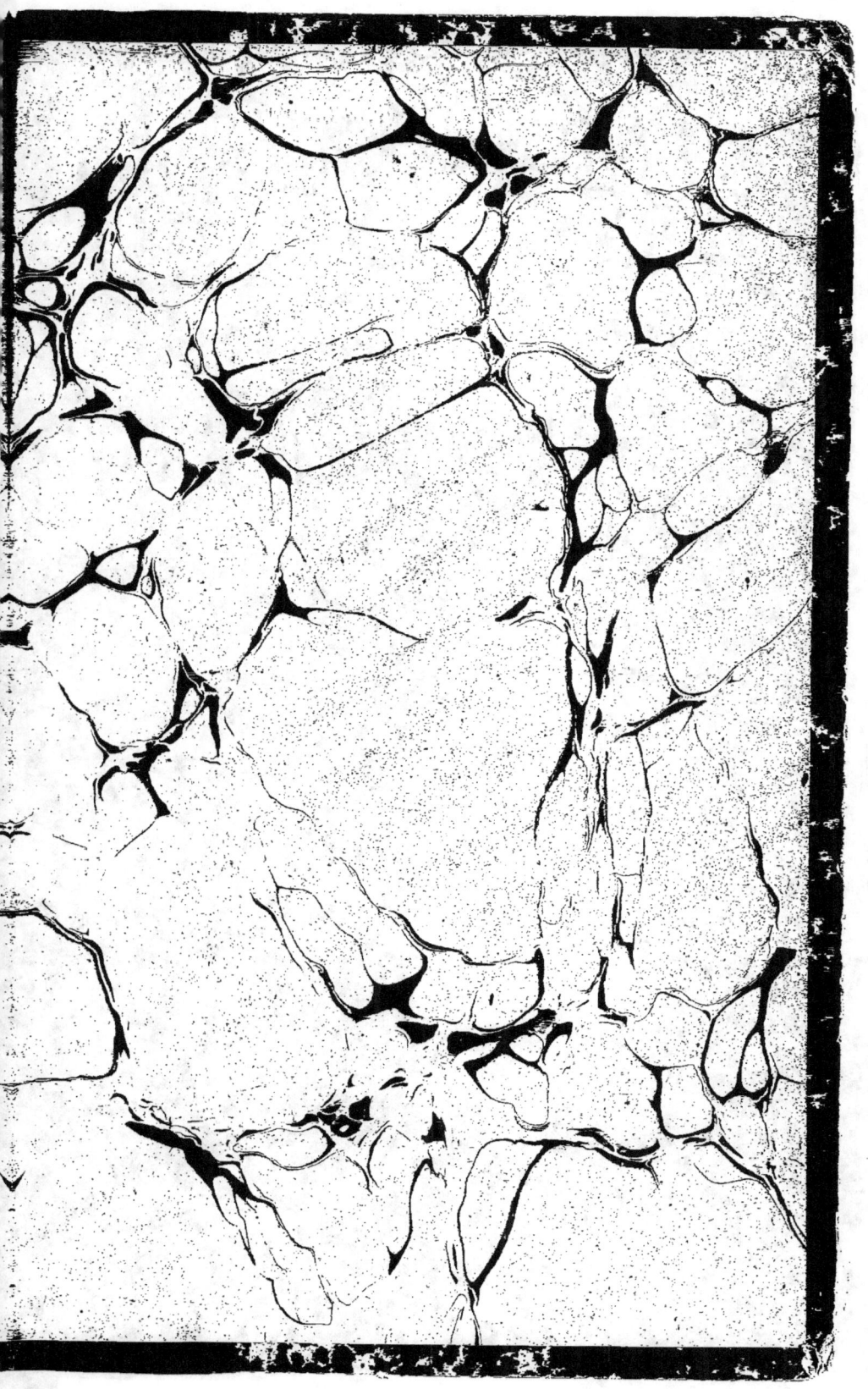

www.ingramcontent.com/pod-product-compliance
Lightning Source LLC
Chambersburg PA
CBHW070615230426
43670CB00010B/1531